KB140447

2006 신춘문예
희곡 당선 작품집

 도서 출판 월인

차례

동아일보 희곡 부문 당선작

비싼 사과의 맛

■

신 은 수

1979년 서울 출생
서울예술대 극작과 졸업

등장인물

환자

교수

의대생1

의대생2

의대생3

의대생4

간호사

조교

여자

의대생들(관객석에 심어 놓은 배우… 그들은 관객들도 자신들과 같이 되도록…)

공연을 준비하듯…

하지만 텅 빈 듯한 무대

단지 한쪽에 놓인 테이블 위에 있는 화려한 화분

간호사가 의자를 가지고 와서 무대 중앙에 놓는다.

그 뒤로 박스를 들고 무대위로 올라오는 남자(의대생2)

박스에서 사과를 꺼내 화분이 놓인 테이블 주변을 장식하듯 놓는다.

마치… 이제 공연을 준비하는 스텝들의 모습을 보는 듯…

객석에 앉아 있던 남자(의대생3)가 일어나 다가간다.

의대생3   야!

의대생2   어! 선배.

의대생3	뭐해?
의대생2	준비하죠.
의대생3	그걸 왜 니가 해? 간호사들이 하는 거 아니야?
의대생2	그게 무슨 상관이예요. 어려운 것도 아니고.
의대생3	그 문제가 아니야. 임마. 언제 이런 거 우리가 손 댄 적 있냐?
의대생2	뭐 어때요.
의대생3	그래도 자존심이란 거다.
의대생2	별 걸 다…
의대생3	그것도 소품이냐?
의대생2	예. 하나 드려요?
의대생3	하나만 던져 봐.
의대생2	(박스에서 사과하나를 던진다.)
의대생3	(받고) 사과네. 씻은 거야?
의대생2	아니요.
의대생3	야!
의대생2	예?
의대생3	(의대생2에게 다시 던진다.)
의대생2	(받고, 몇 개를 주변에 장식한다.)
의대생3	(잠시 보다) 전부 같은 거냐?
의대생2	뭐가요?
의대생3	사과.
의대생2	네.
의대생3	그래야 보기 좋겠지. 그 퍼런 사과가 가장 비싼 건가?
의대생2	몰라요.
의대생3	야, 그런데 오늘 가운 입지 마래?

의대생2	저도 그렇게 전달 받았는데요. 여기 입고 온 사람 없잖아요.
의대생3	이런, 여자 데려 왔는데…
의대생2	우리과 학생이요?
의대생3	아니, 다른학교. 여대.
의대생2	혼나요. 외부사람 있으면.
의대생3	몰라, 무슨 해부 실습도 아니고 사이코 드라마 하는데 어떠냐.
의대생2	있어요?
의대생3	화장실 갔어.
의대생2	가운 입어야 폼 나요?
의대생3	입을 줄 알고 어제 다려 놨는데…
의대생2	선배만 입어요.
의대생3	무슨 욕을 먹으려고. 나 내년 졸업이다.
의대생2	외부인 데려 온 건 괜찮아요?
의대생3	몰랐지. 오늘 학과장이 하는 건지. 그렇다고 오라고 했는데 다시 가라고 할 수는 없잖아.
의대생2	선배도 정신과 쪽으로 가려고요?
의대생3	그러고 싶은데… 모르겠다 어떻게 될지. 너 본과 일 학년인가?
의대생2	이 학년이예요.
의대생3	그랬나? 사이코 드라마 처음은 아니겠네.
의대생2	네.
의대생3	이번에도 연극하는 사람 데려 왔냐?
의대생2	아니요. 이번에는 환자 상대자 역할 직접한데요.
의대생3	뭐? 우리가?

의대생2	그래 봤자 한 사람이예요.
의대생3	누군데?
의대생2	최선배.
의대생3	누구?
의대생2	선배 동기잖아요.
의대생3	아, 그놈. (관객석 둘러보며) 어디 있어?
의대생2	화장실 갔어요.
의대생3	자기가 하겠대?
의대생2	학과장님이 하라고 그랬던 것 같은데요.
의대생3	그 녀석은 학과장의 총애가 참…
의대생2	나쁠 건 없잖아요.
의대생3	솔직히 말해서 학과장이니까…

다른 쪽 객석에 앉은 여자, 의대생3을 향해 "야!"하고 부르며 손을 흔든다.

의대생3	(손 흔들어 주고, 조금만 기다리라는 사인)

여자는 잠시 나갔다 오겠다는 사인하고 나간다.

의대생2	예쁘네요.
의대생3	넌 연락 오는 애들 없냐?
의대생2	무슨 연락이 와요.
의대생3	모르는 애들한테 전화나 메일 안 와? 여기 애들 다 그렇잖아.
의대생2	관심 없어요.

의대생3	만나서 놀아. 임마
의대생2	그런데 연락처는 어떻게 알았죠?
의대생3	고등학교 때까지 죽어라 공부해서 왔는데 지금 또 죽어라 공부해야 되는 보상이라도 있어야지.
의대생2	결혼 상대는 아니죠?
의대생3	결혼은 무슨… 나중에 개인 병원 차려 준다면 하지.

밖에서부터 그들을 향해 오는 의대생1

의대생1	왔냐!
의대생3	아이고, 이제 누구 신가?
의대생1	학과장님 아직 안 오셨지?
의대생2	못 봤는데요.
의대생3	이번에 니가 사이코 드라마 한다며?
의대생1	(웃음)
의대생3	학과장이 하라고 했다며? 연기 잘해?
의대생1	해 봐야지.
의대생3	왜 이렇게 축 처졌냐?
의대생1	내가? 그렇게 보여?
의대생3	상대 환자는 누군데?
의대생1	(들고 있던 서류 중 하나를 보여 준다.) 이거.
의대생3	(보며) 아! 이 사람 알아. 하하하
의대생2	누군데 그래요?
의대생3	모르나? 그 있잖아. 자기 물건 자르고 들어 온 놈.
의대생2	아! 누군지 알겠다.
의대생3	축하한다. 조심해라.

의대생2   그 사람 그림 그린 거 봤어요?

의대생3   알아.

의대생2   은근히 간호사들 자기 초상화 부탁하던데.

의대생3   원래 미친놈들이 그렇잖아.

의대생2   미친놈이 뭐예요…

의대생3   그럼 미친놈이 미친놈이지.

의대생1   학과장님 어디 계시니?

의대생2   가시게요?

의대생3   기다려. 올 거야. (대머리가 남은 앞머리로 겨우 붙여 가리는 흉내)

객석의 의대생들(물론 객석에 둔 배우) 하나 둘 웃음을 터트린다.

의대생2   (웃으며) 보면 큰일나요.

의대생3   나야 잘 보여 봤자 뭐하냐? 이뻐하는 사람이나 잘 보여야지.

의대생3 의대생1의 어깨를 두드리고 객석의 자리로 돌아간다.
어느새 의대생3의 여자는 객석에 앉아 있다.

의대생2   선배 커피 한잔 뽑아 드려요.

의대생1   괜찮아.

두 사람은 객석에 앉는다.

의대생2	갑자기 어디 갔었어요?
의대생1	화장실. 속이 안 좋아.
의대생2	긴장 되요?
의대생1	긴장은 무슨…
의대생2	학과장님이 추천해 주신대요?
의대생1	추천은 무슨… 내가 시험을 잘 봐야지.

의대생1의 핸드폰 진동이 울린다.

의대생2	(잠시) 안 받아요?
의대생1	누군지 알아.
의대생2	누군데요?
의대생1	너도 알잖아.
의대생2	잘 안 돼요?
의대생1	화장실에서도 계속 싸웠어. 어제 생일이었단다.
의대생2	어제 선배 계속 학교에만 안 있었어요?
의대생1	그러니까…
의대생2	학과장님 논문 작업?
의대생1	말해도 이해를 못해.
의대생2	학과장님한테 이야기하시죠.
의대생1	그게 가능해?
의대생2	이번 주 말까지는 계속 아니에요?
의대생1	오늘도 당장 만나러 오래.
의대생2	선배도 순정파는 아니네요.
의대생1	아, 속 아파.
의대생2	자꾸 신경 쓰니까 그래요.

의대생1 내가 사이코 드라마 한다니까 나보고 사이코래.

의대생1 가지고 있던 서류 중에서 문득 꼬깃한 종이를 펴서 본다.

의대생2 뭐예요?

의대생1 몰라.

의대생2 선배가 쓴 거예요?

의대생1 화장실에서 휴지하고 날아 왔어.

의대생2 네?

의대생1 휴지가 없어서 밖에 있는 사람한테 부탁했어.

의대생2 배가 뒤집혀… 외눈박이들이 살고 있는 섬에 표류했다? 외눈박이들은 나를 놀렸다. 나는 그들이 병신이라 설득했다. 어디를 보아도 외눈박이들뿐이었다. 어느 날 우물가에서 물을 먹으려는 순간… 뭐예요?

의대생1 몰라.

의대생2 이거 어디서 본 것 같은데… 어디서 봤더라…

한쪽에서 하얀 가운을 입은 교수(대머리)가 무대 위로 올라온다.

교수 (객석에) 오래 기다렸나? 조교. 조교!

한쪽에서 달려오는 조교

조교 예.

교수 이게 전부야? 체크했어?

조교	맞습니다.
교수	그래? 적은 거 같은데… (관객석 의대생4에게) 어이, 자네 무슨 배짱이야?
의대생4	예?
교수	뭔 배짱이냐고? 그렇게 개념이 없어?
의대생4	무슨… (문득 다리를 꼬고 앉아 있는 것을…) 예! 예! (다리를 급히 풀고)
교수	예과야?
의대생4	(서서) 아니… 본과입니다.
교수	알아. 여기 다 본과 학생들이야. 근데 자네는 예과냐고?
의대생4	죄송합니다.
교수	앉아. 앉아. 뒷사람들 불편해.
의대생4	(앉고) 죄송합니다.
교수	여러분들 기본이 중요한 거야. 자네!
의대생4	(일어나) 예!
교수	앉아. 앉아서 말해.
의대생4	(앉고)
교수	집에서 뭐라 하나? 의대 가니까?
의대생4	아주 좋아하십니다.
교수	부모님이 막 자랑하고 다니시지?
의대생4	예.
교수	자네 지방에서 왔나?
의대생4	예.
교수	경사 났다고 안 그래?
의대생4	많이 좋아하십니다.
교수	왜 힘든 의사가 되고 싶은데?

의대생4	그것은… 수입도 그렇고…
교수	수입! 그래 돈! 또?
의대생4	무엇보다 사람들이 보는 인식이랄까…
교수	인식! 사실은 그것이 가장 크지?
의대생4	예.
교수	여러분도 그렇죠? 주변의 인식. 쉽게 말해서 엘리트죠? 우리 사회에서 대표적인 엘리트 집단하면 뭐예요? 판검사, 변호사, 그리고 의사. 그렇죠? 여러분이 아직 의사는 아니죠. 앞으로 갈 길이 멉니다. 하지만 여러분이 이 의대에 진학한 이상 여러분은 분명 그 집단의 테두리에 들어 온 것입니다. 여러분의 손에 사람이 죽고 사는 것이 결정됩니다. 아무나 못합니다. 여기 종교를 가지고 있는 사람은 어떻게 생각할지 모르겠지만, 어떻게 보면 신이죠. 아니 신에 가장 가까운 대리인이라 할 수 있을 겁니다. 안 그렇습니까? 주변사람들이 여러분을 대하는 모습을 보십시오. 혹시 여기 학생들 중에 오늘 사이코 드라마 처음인 사람. (교수 손을 든다.)

아무도 손을 들지 않는다.

교수	없죠. 하지만 학생 중에 저하고 오늘 처음 하는 학생도 있을 거예요. (의대생3을 향해) 어이! 자네.
의대생3	예… 예!
교수	옆 사람하고 뭐 하는 거야?
의대생3	죄송합니다.
교수	가고 싶으면 가.
의대생3	죄송합니다.

교수	면담할 때 정신과 쪽으로 해보고 싶다고 안 그랬나?
의대생3	죄송합니다.
교수	갈래?
의대생3	죄송합니다.
교수	핸드폰은 왜 계속 만지작거려?
의대생3	예! (핸드폰을 가방에 급히 넣는다.)
교수	여러분들 핸드폰 다 알아서 하세요. 두 번 말하게 하지 마십시오. 자네.
의대생3	예.
교수	자네 하나 때문에 설명하다 흐름이 끊겼잖아. 왜 피해를 주나.
의대생3	죄송합니다.
교수	계속 이야기하겠습니다. 사이코 드라마를 하고 있는 이 공간에 바로 환자의 과거와 미래와 현재가 여기 지금 일어나게 됩니다. 이곳에서 환자는 꿈을 꿀 수 있고 환상을 살수도 있으며 죽음을 볼 수도 있습니다. 오늘은 특별히 보조자의 역할을 여러분 중에 한 사람이 해 보도록 하겠습니다. 나머지 분들은 그저 방관자이거나 구경꾼이 되어서는 안 됩니다. 모두가 참여자입니다. 환자에게 있어서 우리는 신이 되는 것 입니다. 틀립까? 자네, 어떻게 생각해?
의대생3	맞습니다.
교수	환자에게 있어서 우리는 마치 신이 되어 환자를 이끄는 것입니다. (한쪽에 서 있는 간호사에게) 데리고 와.

간호사는 나간다.

교수	환자가 오면 바로 시작하겠습니다. 조명 좀 조정해 줄 수 있나?

조명 무대만 비추고 주위는 어두워진다.

교수	조교, 학생들 환자 데이터 보여줬어?
조교	예? 아직…
교수	뭐 알았어. 간단하게 내가 이야기하지. 아는 사람은 알겠지. 나이는 이십오세, 태어날 때 자웅동체였고, 네 살때 여성의 생식기 제거 수술을 받고 계속 남자로 살았지. 동거 남하고 도피 중에 동거 남은 자살하고 환자는 자기의 남자 생식기를 잘라 버렸어.
의대생4	교수님.
교수	왜?
의대생4	질문 있습니다.
교수	(사이) 야. 너 예과지?
의대생4	예?
교수	자네.
의대생3	예!
교수	내가 수업 전에 질문 받아 안 받아?
의대생3	안 받으십니다.
교수	나 안 받아. 알아?
의대생4	죄송합니다.
교수	끝나고 해.

한쪽에서 간호사가 환자를 데려 온다.

환자를 구석의 자리에 앉힌다.
환자는 팬과 스케치북을 들고 있다.

간호사	교수님.
교수	(보고) 그래. 자, 지금부터 시작 할거야. 보조자는 우리 최군이 하자고.
의대생1	예.
교수	(간호사보고) 시작하자.

간호사 환자에게 가서 환자를 데리고 무대 위로 올라간다.
무대로 앞서던 간호사 서류 파일들을 떨어뜨린다.
흩어진 서류들을 주어 정리해 건네주는 환자.

교수	안녕하세요.
환자	안녕하십니까.
교수	요즘에 어떠세요?
환자	잘 지내고 있습니다.
교수	지금부터 무엇을 할지 알고 계시죠?
환자	알고 있습니다. 앞에 앉아 계신 분들은 모두 의대생들인가요?
교수	그렇습니다.
환자	그렇군요. 간호사께 부탁을 드리고 싶은데 괜찮겠습니까?
교수	말씀해 보십시오.
환자	앞의 분들을 자세히 보고 싶은데 눈이 안 좋아서, 제 자리에 안경이 있습니다. 그걸 갖다 주시겠습니까?
교수	그렇게 하겠습니다.

교수가 보면 간호사는 나간다.

교수   앉으십시오.

환자   (의자에 앉고) 감사합니다.

교수   요즘에도 그림을 그리십니까?

환자   가지고 오도록 허락해 주셔서 감사합니다.

교수   도움이 된다면 상관없습니다.

환자   선생님은 정말 좋은 분이십니다.

교수   요즘에는 무엇을 그리십니까?

환자   사람입니다.

교수   좋습니다. 우선 자신에 대한 이야기를 사람들에게 해 보십
       시오.

환자   어떻게 하면 됩니까?

교수   자유롭게 하십시오.

       환자는 스케치북을 열어 그림을 그린다.
       잠시 지켜보는 교수

교수   무얼 하시죠?

환자   그림을 그립니다.

교수   자신의 이야기를 하기 싫습니까?

환자   하고 있습니다.

교수   말하기 싫으신 거군요?

환자   선생님께선 꼭 말로 하라고 말하지 않으셨습니다. 아닙니
       까?

교수   (사이) 그렇군요.

환자	선생님의 기분은 알고 있습니다. 괜찮으시면 저에게 질문을 해 주십시오.
교수	좋습니다. 나이는 어떻게 되죠?
환자	(그림을 그리며) 스물 다섯입니다.
교수	형제는 어떻게 되죠?
환자	혼자입니다.
교수	부모님은 모두 계신가요?
환자	마리아가 저를 낳았죠. 아버지는 모릅니다. 처음부터 없었을 지도 모릅니다.
교수	어머니를 마리아라고 불렀습니까?
환자	모두가 그렇게 불렀습니다. 저도 그렇게 불렀습니다.
교수	어머니의 이름이군요.
환자	(웃음)
교수	어머니가 처녀의 몸으로 스스로 낳았다 생각하십니까?
환자	분명한 건 아버지란 저에겐 존재하지 않습니다.
교수	묻겠습니다. 당신은 남자입니까?
환자	(웃음)
교수	그럼 당신은 여자입니까?
환자	(웃음) 그림이 다 되었습니다. 여기 학생들에게 보여 주고 싶습니다.
교수	그렇게 하십시오.

간호사가 안경을 가져온다.

환자	고맙습니다. (안경을 쓰고 자신의 그림을 보여준다.) 여러분의 모습이 환하게 보입니다. 그림을 봐 주십시오. 이제 저를 아

시겠습니까?

환자의 그림은 사람이다. 하지만 얼굴은 아무것도 그려 있지 않다.

교수　왜 이곳에 왔다고 생각하십니까?
환자　고추를 잘랐습니다.

의대생3 웃음을 참으며 쿡쿡 거린다.

환자　(그쪽으로 시선 가고) 고추란 말이 우습습니까? 성기라고 해야 점잖습니까? 잠지라는 말은 어떻습니까? 귀엽지 않습니까? 어른에겐 잠지라 하지 않지요? 여러분도 잠지를 잘랐다는 것이 재밌습니까? 선생님도 재밌습니까?
교수　…

의대생3 계속 웃음을 참지 못하고 나간다.

여자　(따라 나가며) 오빠! 오빠!

의대생들 그 모습에 웃음을 참으며 동요한다.

교수　(급히) 최초의 분노에 대해 이야기해 봅시다.
환자　좀 더 구체적으로 말해 주십시오.

교수 한쪽에 있는 신문지를 테이프로 둘둘 말은 것을 가져와 손

으로 탁탁 치며

교수   일어나십시오. 마음 속에 남아 있는 분노를 해소해 보는 겁
                    니다.

환자   구체적으로 말해 주십시오.

교수   그 의자를 대상으로 생각하고 (건네며) 이것으로 마음껏 내
                    리 치십시오.

환자   (받고 바라보며) 이걸로 말입니까?

교수   의자를 박살내도 상관없습니다.

환자 잠시 바라보고만 있다.

교수   무얼 생각해요?

환자   (웃는다.)

교수   웃깁니까?!

환자   죄송합니다. 단지… 실감이 안 납니다. 장난감 같지 않습니
                    까?

의대생들 "오호"하며 소리 죽여 동요.

교수   그게 장난감으로 보입니까?

환자   죄송합니다. 전 그냥 제 느낌을 이야기했습니다.

교수   어떻게 하면 실감이 나겠습니까? 실감나게 칼이라도 주면
                    됩니까?

환자   선생님께서도 농담을 하시는군요.

교수   간호사. 사무실에 가면 과도 있을 거야. 그거 가져와.

간호사 움직이고.

교수   (간호사에게) 저기, 거기 보면 쿠션 있어. 그것도 같이 가져
        와.
환자   저에게 여러 가지 신경 써 주시는군요.
교수   실감이 안나 감정 이입이 안되면 어쩔 수 없지 않습니까?
환자   앉아도 되겠습니까?
교수   (다소 신경 섞인 끄덕임)
환자   이 장난감은 저쪽으로 치우겠습니다. (다른 곳에 놓고 의자에
        앉는다.) 기다리는 동안 학생들과 이야기를 해도 되겠습니
        까?
교수   제 지시에만 따르십시오.
환자   죄송합니다. 그림을 이어서 그려도 되겠습니까?
교수   좋습니다.

        환자는 그림을 그린다. 의대생들을 이리 저리 주시하는 교수
        간호사는 과도와 쿠션을 가져온다.

환자   (보고, 그림을 중단, 일어나서) 감사합니다.
교수   이쪽에 서십시오. (쿠션을 의자에 끼워 놓고) 자, 칼입니다.
환자   (과도를 받아 한참 바라본다.)
교수   그것도 장난감으로 보입니까?
환자   물론 아닙니다.
교수   분노의 대상을 향해 마음대로 표출해 보십시오.
환자   이야기하신 최초의 분노의 대상 말입니까?
교수   그렇습니다. 모든 걸 틀어지게 만든 최초의 사람은 누구죠?

환자	마리아.
교수	마음대로 당신의 다른 생식기를 제거한 사람이죠?
환자	그렇습니다.
교수	그것이 완전체라 믿었던 스스로를 병신으로 만든 일이죠?
환자	그렇습니다.
교수	그 일이 없었다면 지금의 당신도 다른 모습이었겠죠?
환자	그렇습니다.
교수	좋습니다. 이제 그 분노를 마음껏 표출하십시오.
환자	(칼을 한쪽의 테이블 위에 놓는다.)
교수	뭐하는 겁니까?
환자	마리아를 원망하는 만큼, 마리아를 사랑했습니다. 이건 옳지 않습니다.
교수	(사이) 뭐… 좋습니다. 그럼 마리아와 이야기를 해 보겠습니다. (의대생1에게) 최군.

의대생1이 무대 위로 올라온다.

교수	자, 이 사람은 바로 마리아입니다. 또 감정 이입이 안 됩니까?
환자	아닙니다.
교수	좋습니다. (의자의 쿠션을 빼고) 이리 앉아.

의대생1이 의자로 가는 순간 주머니에서 핸드폰의 진동음이 울린다.
당황한 의대생1은 핸드폰을 급히 꺼내 내려가 의대생2에게 준 후 다시 올라온다.

의자에 앉은 의대생1
잠시 말이 없는 교수

교수   계속 하겠습니다. 하고 싶은 이야기가 있죠?

환자   …

교수   마음껏 해 보십시오.

환자   …

교수   원망? 분노?

환자   …

교수   말해 보십시오.

환자   …

교수   소리를 지르고 싶으면 질러 보십시오!

환자   …

교수   자, 해 보는 겁니다.

환자   그림을 보여 주겠습니다.

잠시 침묵하는 교수.
교수, 알겠다는 듯 신경질 적으로 고개를 끄덕이고 간호사 보며 물을 달라는 손짓.
환자는 스케치북을 펴고 그림을 그린다.
간호사는 물을 가져와 교수는 물을 마신다.
의대생1에게 그림을 보여 주는 환자.
의대생들에게 보여 주었던 얼굴 없는 사람의 그림에서 얼굴부분을 추가로 그렸다.
큰 외눈박이. 그리고 비정상 적으로 큰 한쪽 귀.

의대생1   !

교수	(의대생들에게) 모레노의 의견에 따르면 언어가 우리의 마음을 전달함에 장애가 될 수 있다고 했습니다.
환자	(스케치북에 계속 무엇을 그리는 듯)
교수	따라서 사이코 드라마는 언어 뿐 아니라, 행동하고, 춤추고, 노래하고 지금처럼 그림도 좋습니다. 이러한 요소들이 들어갈 수 있습니다.
환자	(스케치북을 교수 뒤에서 펼쳐 보이면 외눈박이의 그림에 머리 부분을 대 머리로 그렸다.)

조금씩 "키득 키득" 웃는 의대생들.
동요되는 의대생1.

교수	다시 한번 강조합니다만 여러분은 한 사람도 방관자가 되어서는 안 됩니다. 모두가 참여자, 관찰자가 되어야 합니다. (사이) 보고서를 내십시오.

교수 환자와 의대생1을 향해 돌아선다.
손수건으로 문득 이마를 닦는 교수.
순간 터지는 웃음을 막는 의대생1.
그 바람에 객석의 의대생들도 동요되어 웃는다.

교수	!
환자	선생님?
교수	최초의 분노에 대해 말하세요.
환자	선생님.
교수	네?
환자	그건 말씀드렸습니다.

교수	그래요?
환자	마리아에게 그림을 보여 주었습니다.
교수	그걸로 해결된 건 아니지 않습니까?
환자	아닙니다. 마리아는 마음에 해방이 되었습니다.
교수	당신의 문제를 해결해 야죠.
환자	제가 원하는 것이 그것입니다.
교수	좋습니다. (파일을 넘기며) 동거했던 남자에 대해 이야기 해 봅시다.
환자	요한을 말하시는군요.
교수	그래요. 요한에 대해 이야기 해 봅시다. 자, 두 사람 마주 보세요.

의대생1 일어나 환자와 마주 본다.

교수	자, 그의 얼굴을 보십시오. 한 곳이라도 좋습니다. 요한을 떠올릴 수 있는 곳이 있습니까?
환자	이미 요한 입니다.
교수	좋습니다. 열을 셀 동안 그는 당신의 요한으로 점점 변해 갑니다. 열… 아홉… 여덟… 일곱… 여섯…
의대생1	쿡! (웃음을 참는다.)

동시에 관객석의 의대생들도 동요되며 점점 "쿡! 쿡!"

교수	(사이) … 다섯… 넷… 셋…

의대생 더 참기 힘든 웃음

동요되어 관객석도 "쿡! 쿡!" 거림이 심하다.

교수	둘… 하나… 요한이지죠?!
환자	요한 입니다.
교수	요한을 언제 처음 만났습니까?
환자	고등학교 때입니다.
교수	남자 고등학교 였습니까?
환자	네.
교수	수술 이후에 그때까지 계속 남자로 살았군요.
환자	외형상으로만 그랬습니다.
교수	자신은 남자입니까?
환자	이미 물어 보셨습니다.
교수	그래요?
환자	잊으셨군요.
교수	아닙니다.
환자	괜찮으십니까?
교수	내가 좀 이상해 보입니까?
환자	솔직히 그렇습니다.
교수	저는 괜찮습니다. 요한에 대해 이야기합시다.
환자	네.
교수	처음 만난 요한은 어땠습니까?
환자	다른 아이들과 달랐습니다.
교수	어떻게 달랐습니까?
환자	다른 아이들은 나를 경애했지만 요한만은 그렇지 않았습니다.
교수	폭력을 썼습니까?

환자	그때는 그랬습니다.
교수	(의대생1에게) 앉아. 그때로 돌아가 보겠습니다. 당신은 무엇을 하고 있습니까?
환자	전 늘 앉아서 그림을 그렸습니다.
교수	해 보세요.
환자	(스케치북을 펼쳐서 그림을 그린다.)
교수	요한은 가서 방해를 하세요.

의대생1 환자에게 가다가 환자의 스케치북 그림을 보고 웃는다. 같이 동요되어 웃는 객석의 의대생들.

교수	!
환자	요한, 사실은 너도 내 그림이 마음에 드는 구나.
의대생1	(애써 웃음을 참는다.) …

동요되어 같이 웃는 관객석의 의대생들

환자	마음이 시원하지?
교수	방해를 합니다.
의대생1	(다가간다.)
환자	난 특별하다. 내 주변의 모든 사람들은 마음의 탈을 벗는다.
교수	방해를 합니다.
의대생1	(다가간다.)
환자	난 완전체로 태어났다. 더 좋은 그림으로 널 웃게 해 줄게.
의대생1	(웃는다.)

동요되어 같이 웃는 관객석의 의대생들.

교수   중지!

환자   선생님?

교수   역할을 바꿔 보겠습니다.

환자   제가 요한이 되는 겁니까?

교수   네! 네! 그래야 상대의 마음을 이해 할 수 있습니다. 거울이 라 생각하고 두 사람 마주 보세요, 아니 됐어요. 바로 하겠 습니다.

의대생2가 가지고 있던 의대생1의 핸드폰의 진동이 울린다.
당황한 의대생2 핸드폰을 끄려 했지만 잘못하여 벨이 울리게 된 다.
마음놓고 웃음을 터트리는 관객석의 의대생들.
조교가 객석으로 와 의대생들을 진정시키려 애 쓴다.
진정 되지 않는 분위기

환자   선생님?

교수   !

환자   시작하십시오.

교수   당신이 요한 입니다.

환자   알고 있습니다.

교수   좀 전하고 바꿔서 해봅시다.

환자   제가 저쪽으로 가겠습니다.

의대생1   (환자가 있던 곳으로 간다.)

환자   (스케치북과 팬을 주며) 이것도.

의대생1　　(앉아 스케치북을 펼치고 그 그림을 본 후 웃는다.)

　　　　　동요되어 같이 웃는 관객석 의대생들.

교수　　　하십시오!
환자　　　무엇을 말입니까?
교수　　　요한처럼 하십시오!
환자　　　무엇을 말입니까?
교수　　　말 한대로 하세요!
환자　　　무엇을 말입니까?
교수　　　폭력! 폭력!

　　　　　박수치며 환호하는 의대생들.
　　　　　"폭력! 폭력!"을 외친다.

환자　　　(가만히 있는다.)
교수　　　이렇게! (의대생1에게 간다.) 이렇게! (스케치북을 내 던진다.)

　　　　　박수치며 환호하는 의대생들.
　　　　　"폭력! 폭력!"을 외친다.

환자　　　(가만히 있는다.)
교수　　　이렇게! (테이블의 사과를 바닥에 던진다.) 이렇게! (테이블의 화분
　　　　　을 의대생1에게 던진다.)
의대생1　　(피하고 벌떡 일어나 교수를 노려본다.)

박수치며 환호하는 의대생들.
"폭력! 폭력!"을 외친다.

교수	바지 벗어.
의대생1	예?
교수	마지막으로 성기 자르는 부분만 해 보자.
의대생1	예?
교수	괜찮아. 그냥 사이코 드라마야.
의대생1	…
교수	못해? 반항하는 거냐?
의대생1	…
교수	뭐 하는 짓이냐?
의대생1	(돌아서 가려 한다.)
교수	무릎 꿇어!
의대생1	(밖으로 나간다.)
교수	너 때문에 사이코 드라마를 망쳤어! (의대생1을 따라 나간다.)

박수치며 환호하는 의대생들.
환자, 바닥에 뒹구는 사과 하나와 주변 있는 과도를 가져다 의
자에 앉는다.

환자　(사과를 깎으며) 배가 뒤집혀 외눈박이들이 살고 있는 섬에
표류했다. 외눈박이들은 나를 놀렸다. 나는 그들이 병신이
라 설득했다. 어디를 보아도 외눈박이들뿐이었다. 어느 날
우물가에서 물을 먹으려는 순간… 두 눈을 가진 자신의 얼
굴이 비치자 스스로가 병신임을 알고 눈을 도려냈다. (다 깎

은 사과를 한 입 먹는다.) 근사하고 비싼 사과도 껍질 벗겨 먹
어보기 전에는 맛을 몰라.

― 막

문득 예전에 보았던 드라마가 떠올랐습니다.

밤에는 빌딩의 경비로 일하며 만화가를 꿈꾸는 청년의 이야기입니다. 어느 날부터 청년에게 이상한 전화가 걸려 옵니다.

"할아버지, 저는 할아버지의 만화가 좋아요. 절대 포기하면 안돼요."

이상한 전화로 생각하고 무시하던 청년은 공모전에 낼 원고를 만들다가 모두 포기하자는 마음에 원고를 쓰레기통에 넣습니다. 그때 또 전화가 걸려오고 청년은 버렸던 원고를 다시 꺼내 완성합니다. 그 원고는 청년에게 만화가의 길을 열어 줍니다.

보면서 그런 생각을 해 보았습니다.

본래 저 아이의 전화는 없었다. 청년이 마음 속에서 만든 환상이다.

작가는 실질적으로 세상에 아무것도 생산해 내지 못합니다.

단지…

이 모순 된 세상에서 사람들에게… 이 모순 된 세상에서 상처받으며 사는 사람들에게… 그 모순 된 세상을 잠시 잊을 수 있는 환상을 만들어 주는 일입니다.

이 분에 넘치는 영광은 청년처럼 포기하고 싶을 때마다 저에게 들려 올 것입니다. 전 그 환상의 자락을 놓지 않고 많은 사람들에게 위안이 될 수 있는 큰 환상으로 키우겠습니다.

그것이 저에게 영광을 주신 고마운 분들에게 가장 크게 보답하는 길이라 생각합니다.

다시 한번 허리 숙여 감사드립니다.

■ 심사평

문학은, 특히 희곡은 시대를 반영한다는 말을 실감하게 하듯 이번 신춘문예 희곡부문에 응모한 작품들 역시 지금의 현실을 떠올리게 하는 작품이 많았다.

상황에 억눌린 현대인의 위기의식이나 탈출구가 없는 공간에 갇힌 심리, 그리고 자아 정체성과 존재감, 소통부재의 희비극을 다룬 어두운 작품들이 주를 이루었다. 총 81편의 응모작 중에 무대라는 공간을 파악하고 희곡의 전문성을 확보한 희곡은 귀한 편이었다.

최종 후보에 오른 작품은 세 편이었다. 먼저 이미경의 〈남편 세탁하는 날〉은 무능한 남편에 대한 부인의 실망과 분노, 남편의 심리를 연극적 상황으로 잘 이끌어 갔지만 이야기가 단순하고 결말이 쉽게 짐작되는 아쉬움이 있었다.

김지훈의 〈봄이 오면 얼굴에는〉은 세상을 보는 작가의 생각이 원숙하고 호흡이 길며 유려한 대사 또한 강점이었으나 지나치게 관념적이며 극의 응집력이 다소 부족해 아쉬웠다. 당선작으로 뽑은 신은수의 〈비싼 사과의 맛〉은 작가의 냉소적인 시선이 선명한 가운데 '사이코드라마'라는 정형화된 틀을 역으로 이용한 것이 참신했다. 극의 도입부가 늘어진다는 것이 단점으로 대두되긴 했지만, 진행 과정의 발상이 돋보이고 단막극의 매력을 잘 살렸다는 점에서 심사위원들의 의견이 일치했다.

희곡작가 신은수의 출발을 진심으로 기뻐하며 마지막으로, 장재철 옹의 희곡 〈북해의 비련〉은 공연을 전제로 하기엔 무리가 있는 희곡임에도 불구하고 진실성이 전해지는 작품이라는 소견을 전해드리고 싶다.

[심사위원=한태숙 · 박근형]

무등일보 희곡 부문 당선작

산소결핍시대

■

윤 민 호

1979년 전남 순천 출생
2003년 제21회 전국 연극제 극단 "거울" 조연출
2003년 순천대학교 학술문학상 희곡드라마 부문 수상
2003~04년 순천시립극단 상임단원 배우 활동
2004년 순천대학교 문예창작과 졸업
2005년 한국문화예술위원회 제9기 무대예술아카데미 워크샵 공연 〈매직타임〉 연출
현재 극단 "백수광부" 연출부 소속

연구원1
연구원2
박사
여자

미래

연구실

사각 조명으로 좌, 우측에 분할된 무대. 간단한 대, 소도구들이 상징적으로 놓여지고, 연구실의 문은 안쪽의 옆 부분으로 설정한다. 좌측은 연구원1, 2의 연구실로 녹슨 산소 통들과 캐비닛, 실험대가 있다. 우측은 박사의 연구실로 작은 탁자와 의자, 작은 정밀기계 몇 개, 해골이 그려진 가스통들이 있다. 중간의 세로 공간은 등·퇴장, 인물들 간의 만남의 장소로 사용된다.

1장

(조명 밝아진다. 연구실. 여러 개의 물통이 놓여있다. 각각의 물통에 현존하는 여러 나라 이름과 새로운 나라 이름도 적혀 있고, 실험대 위의 플라스크엔 유리관들이 연결 되어있다. 어항 속에 금붕어가 있다. 바로 옆에는 전화기 한 대. 연구원1, 현미경으로

물을 관찰한다. 연구원2, 의기소침하게 앉아서 낚싯대로 어항 속의 금붕어를 잡으려고 하고 있다.)

연구2 (낚싯대를 움직이며) 역시, 붉은 금붕어는 예쁘다니까. (낚싯대의 줄을 들어 올려서 낚시 바늘을 확인한다.) 에잇! 먹혔잖아. (장난치듯, 낚시 바늘을 연구원1의 옷에 끼워서 당긴다.) 걸렸다. 넌 금붕어야.

연구1 (현미경에서 눈을 떼고) 넌 지렁이고. (낚시 바늘을 옷에서 빼내려고 하는데 잘 빠지지 않는다.) 단단히 걸렸네. (바늘을 칼로 잘라내며) 낚시를 못 가더니, 완전히 맛이 갔구나, 갔어.

연구2 (낚싯대를 접으며) 모두 한심해. 정말, 못 죽어서 사는 불쌍한 꼴이잖아.

연구1 이젠, 이 짓도 못해 먹겠다.

연구2 (연구원1의 눈치를 잠깐 보며) 산소를 뽑아낼 유일한 물질이 물밖에 안 남았으니, 지구도 나이를 꽤 많이 먹었나봐?

연구1 낮과 밤이 바뀌는 줄도 모르고 이렇게 하루 종일 들여다보고 또, 들여다봐도 도무지 해결이 안 돼.

연구2 제대로 숨 쉬면서 작업하기도 어렵고.

연구1 눈치 보면서 정부 보조금 타먹는 것도 신물이 난다. (다시 현미경으로 물을 분석한다.)

연구2 이제는 한계에 부딪쳤어.

연구1 도리가 없잖아.

연구2 그만 좀 들여다봐라.

연구1 조용히 좀 해. 집중이 안 되잖아.

연구2 알았다. 알았어. 이제는 말할 힘조차 없다. 음악도 꺼줄까?

(연구원2, 음악을 끌려고 할 때, 조용한 음악에서 시끄러운 음악으로 바뀐다. 사이. 음악을 끈다.)

연구1   (현미경에서 눈을 떼고 급하게) 잠깐만! (다시 현미경으로 관찰하다가 눈을 떼고 다시 더 세밀하게 관찰한다.) 갑자기 움직이네?

연구2   뭐가?

연구1   아니. (신중하게) 네가 움직일 때 물의 입자가 변했어. 그렇다면…?

연구2   하루 이틀 움직이나.

연구1   방금 변화된 게 뭐가 있었지?

연구2   내가 다섯 발자국을 걸어가서 음악을 끈 거지.

연구1   다시 켜봐!

연구2   음악을?

연구1   그래. (현미경으로 다시 물을 들여다본다.)

연구2   (약간은 어이없다는 표정으로 음악을 다시 켠다.) 그러지 뭐.

연구1   여러 가지 음악을 차례로 켜줄래?

(연구원2, CD를 바꿔서 여러 가지 음악을 틀어준다.)

연구1   (현미경에서 눈을 뗀다.) 그러니까, 물의 입자는….

연구2   물의 입자는?

연구1   직접 들여다봐. (CD로 음악을 틀어준다.)

연구2   (현미경으로 물을 관찰한다.) 야― 이거 신기한데? 아니, 재밌는 건가? 왜, 이런걸 몰랐지? (눈을 떼고) 그럼, 물이 음악을 즐긴다?

연구1   음악의 변화에 따라서 물이 산소와 수소로 분리되는 반응이 빠르고 느리게 진행되고 있어.

연구2   우리가 매일 듣던 저 음악과 각 나라에서 취득한 물의 데이터 자료를 한 번 보자. (캐비닛에서 종이 뭉치를 꺼내서 정신없이 맞춰본다.)

연구1   왜 그 동안에는 몰랐을까?

연구2   하루 종일 정신이 몽롱했으니까. 새로운 발견은 이렇게 문득문득 찾아오는 거고.

연구1   통계치가 딱 맞아떨어진다면, 무슨 소리에 민감한 걸까?

연구2   음악? 그건 아닌 것 같고. 그럼, 무슨 소린데?

연구1   잘 모르겠어.

연구2   야, 그래도 새로운 방향을 보여주는 일차적인 사실의 발견이잖아.

연구1   (웃으며) 하긴, 뭐.

(연구원1, 2는 좋아하다가 연구원1이 순간, 무언가 떠오른 듯한 표정을 짓는다.)

연구1   잠깐만, 좋은 아이디어가 떠올랐어.

연구2   뭔데?

연구1   금붕어!

연구2   금붕어? 왜 매운탕 끓여서 소주 한 잔 하자는 건 아니겠지?

연구1   (웃으면서 고개를 젓는다. 캐비닛에서 장비를 가져와 실험대에 놓는다.) 이래뵈도, 대학 다닐 때 음향 동아리 짱 아니었냐? (장비를 조작한다.)

연구2   정의 운운하다가 2년 만에 잘렸잖아.

연구1   (어항과 장비에 전선을 연결하면서) 비리 총장 골탕 먹이려고 스

	피커로 장난친다는 게, 그만···. (웃으며) 총장실로 연결된 거라고 누가 상상이나 했겠냐?
연구2	금붕어에게 소리를 들려줄려고?
연구1	딩동댕! 이번엔 총장이 아니라, 금붕어니까 이 연구실에서 잘릴 염려는 없을 거야, 걱정 마. 음향 스펙트럼의 원리.
연구2	진동이 일어나는 것으로서 음을 형성하는 모양의 파형을 형성하고, 다양한 음색으로 인식된다.
연구1	넌 역시! 종이에는 그래픽으로 소리를 체크하고 만약, 물에게 어떤 감정이 있다면 금붕어도 그 물의 영향으로 움직임이 다르게 나타날 거야. 좀 도와줘.
연구2	그래.
연구1	스피커는 직렬연결.
연구2	(스피커에 전선을 연결하면서 복창한다.) 스피커는 직렬연결, 완료.
연구1	(음향 테스트기를 들고) 음향 체크 해보자.
연구2	좋아.
연구1	(음향 테스트기로 장비의 본체를 점검한다.) 스피커 출력?
연구2	이상 없어.
연구1	좋아. 음향 전기 점검만 남았지. 이상 있으면 말해. 전압? 전류? 저항? 전력?
연구2	(모두 이상 없다는 듯 고개를 끄덕인다.) 모두 정상이야.
연구1	(금붕어를 보면서) 얘가 뻐끔뻐끔 거리니까, 파장의 수치가 올라가는데.
연구2	야, 이것 봐라! 신기하네.
연구1	친구! 새로운 발견을 위해 정의를 한 번 내려 보자. 아냐. 먼저 축배를 들어야 되는 거 아닌가?

연구2	정의라…. 소리에 반응하는 물이면, 감정이 있다는 건데. 그래, "물에게는 감정이 있다!" 어때?
연구1	좋았어!
연구2	(무엇인가 머리를 스친다.) 아, 참! 잠깐만 기다려.
연구1	왜 그래? 샴페인이라도 사 올려구?

(연구원2, 퇴장한다. 연구원1, 현미경을 다시 들여다보다가 눈을 떼고 지갑에서 사진 한 장을 꺼내 보더니 고민에 빠진다. 연구원2, 등장하여 고민에 빠져있는 연구원1을 본다.)

연구2	무슨 일 있어?
연구1	아니. 방금 어디 갔다 온 거야?
연구2	전화하고 왔지. 부시장한테.
연구1	(놀라며) 뭐? 왜!
연구2	왜라니? 앞으로 보조금이 아니라, 정식 지원금을 달라고. 임마!
연구1	아직 불확실한 연구 물질이야. 위험할 수도 있어. 그 소리가 지금 존재하는지도 모르고….
연구2	너 왜 그래? 이거면 눈치 보면서 연구할 필요가 없다 이 말이지. 너 아직도 정부에 불만이 많은 거냐? 이젠 그만할 때도 됐잖아?
연구1	(버럭 화내며) 그만해? 뭘?
연구2	정부라는 이름만 나와도 고혈압 생기는 거!
연구1	위원회장의 측근에다 정부 소속의 부르주아가 뭘 알겠냐?
연구2	그런 것을 고맙게 생각해야지. 그래서 지원금 받아서 불확실한 산소 연구를 정부로부터 보조받을 수 있는 거잖아.

연구1	이번 실험은 정부에 의지한다고 될게 아냐.
연구2	정부의 정식 지원금 없이 이 실험은 성공할 수 없어.
연구1	그래. 넌 측근들하고 손잡아. 난 그딴 자식들 보기만 해도 역겨우니까.
연구2	정말, 눈 먼 봉사가 따로 없구나!
연구1	홍, 내가 하고 싶은 말이다. 임마!
연구2	그 여자랑 이민 갈려고 꾀부리는 거 아니야?
연구1	(사이. 수그러지며) 함부로 말하지 마. 너도 알다시피 난 이곳에서 모든 것을 잃었어.
연구2	(말 돌리며) 그래, 그래. 이건 엄연히 나도 50%의 발견 공로가 있는 거라구.
연구1	네 멋대로 생각해.

(연구원1, 휴대용 산소통 하나를 챙겨서 나간다. 연구원2, 나가는 연구원1을 붙잡으려다가 그냥 멈춰 서서 바라본다. 암전.)

2장

트럭 멈추는 소리. 조명 밝아진다. 휴대용 산소 통들을 들고 오는 박사의 모습이 보인다. 박사의 연구실. 여러 가지 색깔의 풍선들이 줄에 묶여 있다. 장애인인 여자가 절뚝이면서 작은 탁자 위에 있는 와인병과 와인 잔을 정리하고 있다. 박사 들어온다.

박사	(풍선들을 보고) 이게 웬 풍선이냐?
여자	생신 축하해요! (박사를 탁자로 이끌면서 생일 축하 노래를 불러준다.)

박사	(산소 통을 내려놓고 땀을 닦는다.) 고맙다. 냉수나 한 잔 갖다 줄래? (나가는 딸의 눈치를 살펴보면서 딸의 핸드백에 도청장치를 넣어둔다. 그리고는 곧바로 산소 통 몇 개를 뒤편에 정리한다.)
여자	아빠, 무슨 안 좋은 일 있었어요?
박사	쳇, 정부에서 산소 공급을 축소시키겠다는 공식 발표를 했더구나. 대체산소가 거의 바닥이 난 상태라는 의미지. 그럴 줄 알았다.
여자	저도 들었어요, 아빠.
박사	3급 산소를 줄이겠다는 건 시체를 더 늘리겠다는 말이야. 뭐, 어차피 우리가 사는 세상이 시체처리장 이다만.
여자	옛날에는 잠을 자고 있으면, 숨이 턱턱 막혀서 잠을 깼지만 지금은….
박사	과거에 비해서 훨씬 풍족하지.
여자	모두 아빠 덕분이죠. 다시는 과거와 같은 상황이 안 벌어졌으면 좋겠어요.
박사	조금만 기다리면 선택받은 자들만이 들어갈 수 있는, 산림이 울창하고 신선한 공기가 풍부한 그곳으로 갈 수 있을 거다.
여자	네, 아빠.

(이때, 라디오에서 아나운서의 소리 "오늘의 긴급 속봅니다."가 들린다. 박사와 여자는 라디오에 귀를 기울린다. 라디오의 음질이 불규칙하다.)

소리	긴급 속보… 수출용 산소를… 국립 산소 저장고에서… 카라코람 산맥으로 운반 도중… 산소 운반 선박이 탈취 당함….

범행경로 조사 중…. 전문가들은 산소 테러… 험볼트 산맥에 거주하는 칠백이십만 제곱미터 면적의 인원이 호흡 장애로 사망할 것으로 추정. 이. 상.

(박사, 라디오를 끈다.)

박사　힘 있는 소수들이 무력한 민중을 죽이는 꼴이니…. 앞으로는 산소 테러도 심해질 거다.

여자　아빠나 저도 힘 있는 소수죠.

박사　쓸데없는 소리 마라! 난 더러운 정부로부터 쫓겨난 피해자야. (사이) 오늘도 보육원에 갈 거냐?

여자　네. 그냥, 아이들 좀 보고 오려고요.

박사　아직도 거기다 나 몰래 산소 가져다주는 건 아니지?

여자　아빠는 너무 이기적이에요.

박사　(무시하며) 네가 연구한다던 산소 샘플은 효과가 좀 있었냐?

여자　아직 이요.

박사　너의 방법이 잘못 됐다는 것은 아니다만, 쓸데없이 시간 낭비하지 마라. 어차피 그 애들을 실험도구로 활용할 수 없다면 일찌감치 그만두는 게 좋을 것 같아서 하는 말이다.

여자　(굳어지며) 아빠의 연구 방법은 너무 치밀하다 못해 가끔은 무서워요.

박사　그래야 살아남는다.

여자　제가 알아서 할게요.

박사　날 버리지 않을 거지? 이젠 너만 보고 살고 있으니까…. 옷이 너무 눈에 띤다. 다음부터는 평범한 옷을 입고 다녀라.

여자　(숄 하나를 걸친다.) 됐죠?

박사	(조심스럽게) 앞으론 SP구역을 벗어나지 않았으면 좋겠다. 저번에 네가 벗어났다는 말을 듣고 두려웠다. 또, 잘 모르는 사람들하고도 접촉을 피해라. 잘못하면 그들이 들러붙어서 피 빨아 먹는다. (안아주며) 아빠는 너 없으면 살아야할 의미가 없어. 널 정말 사랑한단다. 내 맘 알지?
여자	알아요, 아빠. 저한테 지나치게 집착하신다는 거 알고… (사이. 밝게) 아니에요, 고마워요.
박사	너무 늦지 마라. 아빠는 너 밖에 없단다. (방금 전에 가져온 산소 통에 주기표를 달아 표시를 한다.)

(여자, 핸드백을 챙겨서 밖으로 나간다. 잠시 후, 박사는 딸이 나간 것을 확인하고, 도청할 수 있는 장치 하나와 메모지를 준비해두고, 탁자에 앉아 주파수를 점검한다. 주파수의 소리가 무언의 공간을 메워준다. 여자, 무대에서 퇴장했다가 중앙 세로 길에서 기다리고 있던 연구원1과 만나면 주파수 소리가 낮게 일정한 소리를 낸다. 박사, 주파수를 체크하면서 여자와 연구원1의 대화를 도청한다.)

여자	(반가워하며) 오래 기다렸지.
연구1	나도 방금 왔어.
여자	아빠 생신이어서 준비할게 있었거든.
연구1	음. 그랬구나.
여자	하는 일은 잘 되가는 거야?
연구1	지금 부시장이 연구실에 압력을 가하고 있는 중이야.
여자	왜?
연구1	아직은 불확실한 프로젝튼데….

여자	궁금해지네.
연구1	연구실에서 작업하면서 새로운 사실을 확인했어. 물에게 감정이 있는 것 같아.
여자	(크게 웃으며) 물에게 감정이 있어?

(박사, 여자의 큰 웃음소리에 주파수가 증폭된 것을 보고 체크해 둔다.)

연구1	(심각해지며) 음. 현미경으로 물의 입자를 분석하는데, 음악이 바뀌면 물의 입자가 전혀 다른 형상으로 변하는 걸 발견했어.
여자	(호기심이 생겨) 그래서?
연구1	중요한 건 이 사실이 부시장의 귓속으로 들어갔다는 거야.
여자	그럼?
연구1	당장 떠나야지. 어차피 이민 가서도 연구는 계속할 수 있으니까. 굳이 이곳에서 할 필요는 없어.
여자	아직은 안 돼. 보육원 애들도 하나둘씩 시름시름 앓다가 쓰러지고 있는데…. 난 정리가 안됐어.
연구1	추적당하고 있는데 이대로 있다간 꼬투리 잡혀서 끌려갈 판이야.
여자	숨 막혀서 벗어나고 싶다는 거 알아. 조금만 참아 줘. 나 지금 가봐야 되거든.
연구1	(한숨을 쉬며) 알았어. 이 근처에서 기다리고 있을 테니까, 끝나면 곧바로 연락 줘.

(연구원1, 우측 뒤편으로 퇴장한다. 여자, 연구원1의 뒷모습을 보

고 있다가 좌측 뒤편으로 퇴장한다. 박사, 낮게 들리는 대화 녹음을 반복재생으로 확인하고 있다. 사이. 여자, 전화 통화하면서 우측 뒤편 중앙으로 등장한다. 박사는 도청 장치들을 재빨리 치우고, 산소 통들의 유효기간을 확인하는 시늉을 한다. 여자, 연구실로 뛰어 들어온다.)

여자　(기쁘게) 아빠, 찾았어요!

박사　뭘, 찾았는데?

여자　우리가 찾고 있던 소리의 비밀요.

박사　(놀라며) 그래? 뭐냐?

여자　(웃으며) 웃음소리예요.

박사　웃음소리?

여자　네, 웃음소리요. "물에겐 감정이 있다."는 가설이 있었는데, 이 물이 모든 소리에 반응하지만, 특히 웃음소리에 크게 반응한다는 거예요.

박사　이 가설은 어떻게 알아냈냐?

여자　보육원 아이들에게 산소를 조금씩 나눠줬는데, 얘들이 너무 행복해서 웃더라구요. (녹음해온 아이들의 다양한 웃음소리를 들려주며) 그 때 저한테 있던 산소 샘플이 큰 파장을 일으키는 거예요. 그래서 산소 테스터기로 체크를 해보니까, 기존의 산소량보다 3배 이상 늘어났어요.

박사　그래? 근데! 얘들한테 또 산소를 가져다 준거냐?

여자　죄송해요, 아빠. 저 혼내시는 거 아니죠?

박사　(난처해하며) 뭐…. 괜찮다. 네가 하는 일인데.

여자　(안으며) 고마워요, 아빠.

박사　아무튼, 대견하다. 어디 한 번 보자. (산소 샘플에 테스터기를

	대고 아이들의 웃음소리를 들어본다. 파장을 확인하고 나서) 그래, 이거야. (기뻐서) 웃음소리! 좋아⋯ 그렇다면, 수소와 산소의 치환 속도를 빠르게 증폭시킬 수 있겠구나. (조심스럽게) 혹시, 이 사실을 다른 사람이 알고 있냐?
여자	(머뭇거리며) 네, 남자친구요. 사실, 처음 '물에게 감정이 있다'는 가설도 그 사람한테 먼저 들은 거예요. 얘길 했더니 많이 좋아했어요.
박사	뭐 하는 사람이냐?
여자	국립산소연구원의 연구원이에요.
박사	그래? 한 번 만나보고 싶구나.
여자	정말이세요?
박사	그럼. 아빠도 거기서 한동안 몸담고 있지 않았냐. 내 딸이 어떤 남자를 만나고 있는지 궁금한 건 당연하지.
여자	이 근방에 있으니까. 지금, 바로 연락하면 올거에요.
박사	뭐, 나야 상관없다.
여자	고마워요. 아빠, 아무래도 같은 분야라서 대화도 잘 통할 거에요.

(여자, 연구원1에게 곧바로 전화를 걸 때, 박사는 도청했던 파장의 메모를 다시 한 번 확인하고, 무언가를 곰곰이 생각한다.)

여자	지금 바로 오겠대요.
박사	(침묵)
여자	아빠⋯.
박사	응? 그래. 지금 온다고?
여자	네, 근데 무슨 걱정 있으세요?

박사	아니다. 그냥, 생각 좀 하고 있었다.
여자	(풀어지며) 네. 이제 걱정 마세요. 소리의 비밀을 찾았는데요, 뭐.
박사	(억지로 웃으며) 그래. 네 말이 맞다.

(초인종 소리)

여자	왔나봐요. (문을 연다.)

(연구원1이 꽃을 들고 들어온다. 박사와 연구원1이 마주치는 순간에 표정이 굳어졌다가 풀어진다.)

여자	(연구원1에게 박사를 가리키며) 아버지예요.
연구1	(당황해서) 박사님….
박사	아니… 자네?
여자	서로 아세요?
연구1	그럼, 국립산소연구원의 박사님이셨는데.
여자	(좋아하며) 잘 됐네요. 저는 심장이 조마조마 했거든요.
박사	내 딸이 말한 사람이 자네였구먼.
연구1	네. 영광입니다. 박사님.
박사	(일부러 과장해서) 오히려 내가 기쁘네.
여자	아빠, 고마워요.
박사	고맙긴, 잘 어울리는 한 쌍이다.
여자	아빠, 정말요?
연구1	감사합니다. 박사님.
박사	당연한 것을 가지고 그러나. 그나저나, 그쪽은 결과가 나왔

	나?
연구1	나왔습니다.
박사	어떻게?
연구1	물에게 감정이 있다는 겁니다.
여자	웃음소리에 반응한다는 것도 알았죠.
박사	(걱정스런 눈빛으로) 그래서?
연구1	물도 느낄 수 있다는 겁니다.
박사	(진지하게) 결론은?
연구1	결론은…. (어색한 웃음으로) 물의 적극성에 대해 더 연구를 해야 될 것 같습니다.
박사	(한 시름 놓고) 그래? 아무튼, 쉽지는 않을 거야.
연구1	박사님께서 그만두시고 나서는 더 힘들었습니다. 앞으론 더 노력해야죠.
박사	(격려하듯) 항상, 자네의 그 집념이 맘에 들어!
여자	(행복해하며) 그러고 보니, 저녁도 안 먹고 계속 이야기만 하고 있었네요. 아빠, 제가 먹을 것 좀 사올게요.
박사	그래. 대화가 길어질 것 같으니, 좀 먹고 해야겠다.
여자	다녀올게요. (연구실을 즐겁게 나간다.)

(여자, 연구실을 빠져나가면, 박사와 연구원1은 앉는다. 박사의 어투가 순식간에 냉정하게 변한다.)

박사	사귄 지는 얼마나 됐나?
연구1	(조금 의아해하며) 2년 정도 됐습니다.
박사	실망이구먼!
연구1	네?

박사	네? 라니? (창문으로 설정될 수 있는 편한 곳으로 강제적으로 데리고 간다.) 자, 봐! 거리의 사람들이 뭘 하는지!
연구1	버려진 산소 통을 줍기 위해 죽음을 무릅쓰고 싸우고 있습니다.
박사	그리고!
연구1	조금 남아 있는 산소를 마시려고 발버둥을….
박사	(의식적인 한숨을 쉬고) 알았다면 다행이구먼! 어떻게 할 건가?

(연구원1, 생각에 잠기더니 표정이 어두워진다.)

박사	부모님, 생각하고 있나?
연구1	네.
박사	그래, 좋은 분들이셨지. 유해 가스가 산소 공급 파이프를 타고 들어갈 줄을… 누가 알았겠나? 나도 유감이야.
연구1	제5 구역이 집단 몰살된 건 국립산소연구원의 책임입니다!
박사	그걸 누가 모르나? 그러면서, 자네가 거기서 일하는 이유는 뭔가?
연구1	(비꼬며) 박사님 덕분이죠.
박사	그래. 자네가 날 원망하고 있다는 것을 알고 있어. 하지만, 자네에게 당부하고 싶은 말이 있네. 절대 산소의 반응을 증폭시키는 열쇠가 웃음소리라는 것을 누설하지 말게.
연구1	정부에 대한 복수입니까?
박사	건방지게 지껄이지 마. 지금의 정부는 소수를 위해 존재하고 있을 뿐이야.
연구1	그 점은 저도 동감합니다. (사이) 그런데, 박사님이 그 당시 국립산소연구원의 총책임자 아니셨습니까?

박사	산소 연구의 스트레스를 나에게 푸는 건가? 자네 부모님이 세상을 뜨고 나서 난 자네의 생활비, 교육비를 끝까지 대줬어. 그런 나에게 이래도 되는 건가?
연구1	잘 모르겠습니다.
박사	8년 전 부모님의 희생을 확산시키지 말게! 하늘에서 자넬 어떻게 생각하시겠나?
연구1	가보겠습니다.
박사	그래, 자네는 할 일이 있어. 여자하고 재미를 볼 때가 아니란 말이야.

(연구원1, 호흡을 고르고 나가려고 한다.)

박사	잠깐! (연구원1, 멈춰 선다.) 만약, 오늘 온 게 자네가 아니었다면 살아서 여길 나가진 못했을 거야.
연구1	(주위를 둘러보며) 이곳에 있는 정밀 기계들은 연구원에서 빼돌리신 것 같은데 도로 가져다 놓으시죠!

(박사, 얼굴 붉어지며 참는다. 연구원1, 휙−하고 나가면 조명 암전.)

3장

연구실에서 연구원2가 연구원1에게 전화를 걸면 연구실과 중앙 세로 길의 조명이 밝아진다. 연구실에는 CD, 테이프, 구식 레코드판들이 널브러져 있다. 연구원2, 지친 상태로 실험대에 엎드려 수화기를 들고 있다.

연구2	나야, 너 지금 어디에 있어?
연구1	알아서 뭣하게?
연구2	그래, 그래. 흥분하지 마라.
연구1	괜한 시간 낭비하지 말자. 용건만 말해.
연구2	만나서 얘기 좀 해. 아침에 내가 너무 민감했던 것 같다. (사이) 미안하다.
연구1	괜찮아. 우리 사이에 그럴 수도 있지.
연구2	나 혼자서는 알아내기가 어려울 것 같은데, 도움을 청하고 싶어서.
연구1	다른 연구소에서 인력 지원 받아서 하면 되잖아?
연구2	그런 말이 아니라는 거 잘 알잖아.
연구1	결국엔, 부시장을 위해서 일하라는 거 아냐?
연구2	다른 연구원들은 돈에 눈멀었지, 아무 것도 모르는 바보들이야.
연구1	난 개인적인 놈이야. 쓸데없이 힘빼지 마라.
연구2	말 돌리지마. 넌 사랑에 눈먼 거야. 난 널 알아.
연구1	흠, 그래? 아, 참. 새로운 사실을 목격했다.
연구2	뭔데?
연구1	전에 있던 박사님 말이야.
연구2	만났어?
연구1	음. 근데, 연구소에서 도난당했던 정밀 기계들이 그곳에 있더라구. 필요할 텐데 가져다 써라. 어차피, 정부 재산이니까.
연구2	이쪽 재산 챙겨주는 걸 보니, 너 무슨 일 있는 거지?
연구1	더 이상 할 말 없다. (전화를 끊는다.)
연구2	여보세요, 여보세요! (수화기를 대강 내려놓고, 옷을 챙겨서 무대

앞쪽의 좌측으로 급하게 나간다.)

(시간이 흐른다. 조명이 조금 어두워진다. 연구원1, 전화를 끊고 중앙 세로 길에서 여자를 기다리고 있다. 사이. 여자가 음식물을 사 가지고 뒤편에서 등장한다.)

여자	왜, 나와 있어?
연구1	만나서 이야기 해야 할 것 같아서.
여자	응, 무슨 일인데?
연구1	혼란스러워.
여자	아빠하고 무슨 일 있었구나.
연구1	하나만 묻고 싶어. 지금 당장 나하고 떠날 수 있어?
여자	말했잖아. 난 아직 준비가 안됐다구.
연구1	그래? 보여줄게 있어.
여자	뭔데?
연구1	(여자의 손을 잡아끌고) 잠깐만….
여자	어디가?
연구1	쉿! (여자의 집 앞으로 간다.)

(여자, 불안해하면서 집으로 들어가면 연구원1이 따라 들어간다. 박사는 둘의 도청을 하면서 파장의 음향체크를 하느라 정신이 없다.)

연구1	자 봐. 네 아버지의 실체!
박사	(급하게 이어폰을 빼며) 건방진 놈!
여자	아빠, 무슨 일이에요?

박사	네가 끼어들 일이 아니다. 넌 들어가 있어라.
여자	아뇨, 알아야겠어요.
박사	괜한 고집 피우지 말고 들어가 있어!
여자	싫어요!

(박사, 숨겨둔 총을 꺼낸다. 총으로 연구원1을 겨눈다.)

박사	조용히 사라질 것이지 소란을 피워.
여자	안돼요. 아빠!
박사	(장전을 하고 천장을 향해 총 한 방을 쏜다.) 저 놈은 널 사랑하지 않아. 널 이용해 먹고 있는 거다.

(순간, 초인종 소리가 세차게 들린다. 집안에 있는 모두가 정지된 상태로 문으로 시선을 집중한다. 박사, 총을 들고 조심스럽게 다가간다.)

박사	(문에 대고) 누구세요?
소리	아, 예. 연구원에 같이 근무하는 친구 차량이 집 앞에 주차되어 있어서 찾아왔습니다.
박사	여기엔 그런 사람 없는데요.
연구1	(혼잣말로) 어떻게 여길 찾아왔지.
박사	(조용하게) 입 닥쳐! 너희들끼리 미리 짜고 하나 둘씩 침입할 심보였지?
소리	그 친구가 "자기가 이곳에 없다"고 시켰을 겁니다. 중요한 일이 있어서 꼭 만나야 되거든요. 안 열어주시면 문을 부수고라도 들어갈 테니 양해해 주십시오.

박사	누군진 몰라도, 이러면 가택침입으로 당장 고발하겠소!
소리	상관없습니다. 그럼 다섯만 세겠습니다. 하나ㅡ, 둘ㅡ, 셋ㅡ, 넷ㅡ.
박사	잠깐! 열어 주겠소. 대신 조건이 있습니다. 내가 문을 열면 등을 보이고 뒤로 들어와 벽을 보고 서 주시오.
소리	정말, 그 친구는 이제 제 얼굴도 보기 싫은 모양이군요. 어쨌든, 상관없습니다.

(박사, 천천히 문을 여는 시늉을 한다. 연구원2, 뒷걸음으로 들어와서 벽을 보고 선다.)

박사	(총을 들이대고) 천천히 손들고 뒤로 돌아!
연구2	뭐라구요? 장난은 그만하시죠.

(박사, 연구원2를 연구원1쪽으로 몰아넣고 밖으로 나가 혹시, 누가 없는지 주위를 살펴본다. 연구원2, 당황해서 주위를 두리번거리면서 쳐다본다.)

연구2	어떻게 된 거야? 혹시, 이 집안의 환영식이야?
연구1	여기는 어떻게 알고 왔어?
연구2	(주위의 기계를 가리키며) 네 입으로 이것들 가져다 쓰라고 해서 주소를 알아냈지. 주소를 다섯 번이나 옮겼더라고. (사이) 끝났다.
연구1	뭐가?
연구2	부시장이 찾아와서 다른 연구원들이 산소 실험을 맡는다고 자료를 넘겨달라는 거야.

연구1	줬어?
연구2	줬지. 그럼, 어떡해? 총 들이 대는데. 너 나가고 나서 필요한 장비하고 지원금 더 요구했거든. 아마, 산소운영위원회에서 열 받았겠지. 이제 어떡하지….
연구1	산소운영위원장이 너 측근 아니었어?
연구2	모르겠어, 어떻게 된 건지. 뭐 알아낸 것 좀 있어?
연구1	응, 비밀은 웃음소리야.
연구2	(웃으며) 웃음소리?
연구1	응.
연구2	도대체가 무슨 말인지….
박사	잡담은 그만해. 오늘이 너희들 제삿날이니까.
연구1	박사님, 총을 내려놓으시죠.
박사	닥쳐! 박사라는 말이 얼마나 부끄럽고, 치욕스러운지 알기나 하나? 정부가 환경을 버린 결과는 내 딸이 저렇게 됐다는 거야. 내 딸은 내게 너무 소중하거든! 그래서 정부와 너희들의 잘 나가는 과학은 나의 적이지.
연구2	필요악이죠.
박사	항상, 어쩔 수 없었다는 핑계뿐이지. 결국, 너희들도 한통속이고.
연구1	연구실의 기계들을 왜 빼돌린 겁니까?
박사	쓸 만한 기계들을 빼돌려서 불만인가? 하지만, 일한 보상을 가져왔을 뿐이야.
연구1	박사님에게만 필요한 산소를 몰래 개발하려는 게 아니 구요?
박사	현 상황을 모르는 모양인데, 소수만을 위해 존재하는 정부가 구역별로 산소 공급을 제한시키고 있어. 어떤 현상이 벌

어질 것 같나? 이웃을 몰래 죽이고 그 산소를 차지할 거야. 그러면, 힘 있는 자가 더 많은 구역을 장악하면서 바퀴벌레처럼 영역을 넓혀가겠지. 인간이 얼마나 살아남을 것 같나?

연구2   그러니까 빨리 실험에 성공해야죠.

박사   실험의 성공? (격해져서) 너희 같은 놈들 때문에 내 딸 다리가 기형으로 휘어졌는데!

연구1   기형이라뇨?

박사   폐기물들을 닥치는 대로 갖다 묻어두고, 나중에는 묻을 곳이 없어 아예 여기저기 방치했지. 그때부터 물은 인간을 포기했던 거야. (딸을 보며) 결국 내 딸의 다리는 저렇게 되고, 난 정부로부터 이용만 당하고 버림받았다.

(연구원1, 혼란스러워하며 여자를 보고 있다. 여자, 박사의 총을 뺏으려고 달려들다가 박사의 힘에 의해 구석으로 내동댕이쳐진다.)

연구2   폐기물 처리는 우리 소관이 아닙니다.

연구1   박사님, 말 돌리지 마십시오. 환경 운동가나 반정부주의자처럼 그러시는데 결국, 박사님 따님에게 너무 집착한 무모한 행동이 아닙니까?

박사   내 딸, 다리를 보고도 그런 말이 나와!

여자   저는 괜찮아요. 그 누구보다도 행복해요. 절 사랑해주는 아빠가 있고, 남자 친구도 있어요. 충분히 숨 쉴 수 있을 만큼의 산소도 있어요.

박사   넌 쓸데없는 소리하지 마라. (연구원1, 2를 가리키며) 너희들이 안 갖다 버렸다 뿐이지, 만들어낸 장본인들은 과학 한다는 놈들이 아니냐!

연구2   박사님은 지금 제정신이 아닙니다.

박사   산소가 증폭될 수 있는 비밀이 너희들 손에 들어간다고 내 딸의 다리가 회복된다고 보장할 수 있나?

연구2   (산소통과 석유등을 들고) 총을 내려놓지 않으면 석유등으로 가스통에 불을 지르겠어!

박사   내려놔!

(박사, 연구원1과 2를 경계하면서 석유등을 받아내려고 접근하자, 연구원1과 2는 흩어져 석유등을 주고받으면서 박사의 시선을 혼란시킨다. 쥐들이 고양이를 피하듯이 이리저리 날렵하게 피하는 형상이다. 석유등을 던져주고 도망치면서 문을 열려고 하지만 잘 안 된다.)

여자   (이 광경을 지켜보다가 못 참겠다는 듯이 해골이 그려진 가스통으로 가서 고함을 지른다.) 제발, 그만 하세요! (반응이 없자, 가스통 하나를 넘어뜨린다.) 제발, 그만 좀 하세요!

(모두들, 여자의 말을 듣지 않고, 무언가에 미친 듯이 석유등을 던져주고 받고 쫓는 일에 정신이 없다.)

여자   제발… 다들 그만 하세요….

박사   내려놔!

(여자, 해골이 그려진 가스통의 레버를 천천히 푼다. 기체 세는 소리가 들린다. 순간, 연구원1이 연구원2에게 석유등을 던지지만,

받지 못하자 바닥에 떨어진다. 불이 붙은 듯 붉은 조명 하나가 석유등에 떨어진다. 박사, 불을 끄려고 하지만, 붉은 조명의 크기가 점점 더 커지면서 박사의 연구실이 점점 어두워진다. 산소통이 터지는 소리. 비명 소리. 모두들 고통스러워하고 발버둥치면서 하나 둘씩 쓰러진다. 처절함 고통 소리와 오버랩 되면서 사그라지고, 불이 타오르는 소리만 들린다. 연구실이 활활 타오르는 듯 온통 붉은 조명으로 가득하다. 동시에 일어나는 상황이다. 연구실의 어항 속에 핀 조명 비춰진다. 여러 개의 풍선 터지는 소리가 총소리로 전송되어 금붕어가 죽는다. 연구실의 어항 속에 물이 줄어든다. 붉은 핀 조명만 남으면 끊어지는 듯한 "뚜―, 뚜―, 뚜―" 소리 들리다가 심장이 멈춰 목숨이 끊어지는 듯한 파장의 느낌으로 수화기의 음이 길게 "뚜――"하고 신호음만 들린다. 연이어 들리는 소방차의 앰뷸런스가 요란하게 가까이 다가오는 소리 들리면서 조명 서서히 암전.)

― 막

　푸른 구름을 칠하고 얼굴보이는 새벽하늘의 수채화! 떠오르는 태양! 저와 함께 쉬지 않고 즐겁게 놀아준 희곡의 등장인물들에게 고맙고 사랑한다는 말을 하고 싶습니다. 딱딱하고 건조했던 날들이 시나브로 위로가 되는 것 같고, 성실한 자세와 진실한 마음이 마음 한 구석에 잘 있는지 눈감아 봅니다.

　항상 즐거운 마음으로 연극에 미쳐서 살아가고 싶습니다.

　희곡을 쓸 수 있도록 마음을 잡아준 아름다운 시인이 될 주희. 달 같은 시인이 될 창성. 별 같은 시인이 될 애리나. 새벽에 김밥을 싸와서 허기를 잊게 해준 잘생긴 여훈. 어둠을 거부하는 성진. 이들과 함께한 눈 내리던 겨울밤은 잊을 수 없는 행복함으로 남습니다.

　순천연극협회 극단[거울] 식구들, 순천시립극단 식구들, 희곡작가교육원 식구들, 제 9기 무대예술아카데미 동기들, 4인조와 악당들, 동아리 연묵회, 건강한 체력에 힘써주신 한국태권도 정종환 관장님, 대학로에서 희곡 쓰고 있을 혜은과 수정. 항상 연극의 좋은 충고를 해주시는 광재형, 누나, 매형, 예쁜 조카 영서, 이 세상에서 두 번째로 사랑하는 아우님, 제가 알고 있는 소중한 모든 분들과 기쁨을 함께하고 싶습니다.

　희곡을 쓸 때는 무쏘의 뿔처럼 가라고 충고하신 차근호 선생님, 스무살의 시적 감성을 일깨워 주신 송수권 선생님, 연극의 첫 뿌리를 내려주시고 영원한 스승님이신 김길수 선생님, 소영란 조교선생, 묵묵히 지켜봐주시는 곽재구 선생님, 안광진 선생님, 장성희 선생님, 안치운 선생님, 앞으로 제대로 된 희곡을 쓰라는 의미로 부족한 희곡을 뽑아주신 심사위원님께 감사드립니다.

　끝으로 지금의 이 영광을 저를 낳고 길러주신 사랑하는 아버지 윤왕근님과 어머니 강향남님께 모두 바칩니다.

　올해는 예년에 비해 응모작이 두 배나 늘었다. 일단 흐뭇했지만 정작 심사를 위해 작품을 대하면서는 실망스러웠다. 무대에 대한 이해가 부족하거나 무대를 알고 썼더라도 제대로 활용한 작품을 찾기 어려웠기 때문이다. 방송 드라마를 연상케 하는 빈번한 회상장면과 무절제한 공간이동을 취한 작품들이 그런 경우로 굳이 희곡으로 쓴 까닭을 알 수 없었다.

　그리고 무대를 알고 쓴 경우에도 지나치게 관념적인 주제를 다룬 결과 텍스트읽기가 고통스러운 작품도 몇 편 있었다. 대개 이런 경우 작품 주제가 모호하거나 일관성을 잃고 있는데 이는 작가가 주제를 천착하지 않았거나, 아니면 표현 능력이 부족한 결과 때문으로 보인다. 이밖에도 극적이지 않은 상황 설정, 개연성이 떨어지는 서사, 상투적인 인간관계, 우연한 만남의 남발 등 습작품의 단골메뉴들도 여전히 발견되어 아쉬움을 갖게 하였다.

　응모작 가운데 위의 지적을 최소화할 수 있는 작품은 〈산소결핍시대〉였다. 산소가 부족한 상황을 이용하여 국민을 통제하려는 정부와 그에 대항하는 과학자들 간의 갈등을 다룬 작품으로, 극적인 상황을 포착하여 이야기를 이끌어가는 솜씨가 수준급이었다. 다만, 정부의 악행에 대한 인물들의 각각 다른 행동의 개연성이 떨어진 점은 아쉬웠다. 그렇다보니까 작품의 흥미가 반감되었고, 작품 주제도 선명하게 드러나지는 못했다. 그렇더라도 연극성을 갖춘 작품이기 때문에 공연을 통해 더욱 좋아지리라 믿는다.

[심사위원=김영학]

부산일보 희곡 부문 당선작

Play4 - 가출소녀 우주여행기

김 지 용

1977년 부산 출생
동아대학교 사회과학대학 경제학과 졸업
동아대학교 극예술연구회
現 극단 바다와 문화를 사랑하는 사람들 연출/극작

등장인물

소녀
소년
아빠
배달원
박사
우주인
차장
승객

1. 달나라를 꿈꾸는 소녀

#1. 종달새

새소리. 새장 속에 갇힌 소녀, 달이 뜬 하늘을 올려다보며 노래를 부르고 있다.

소녀   네 고운 살결이 환하게 빛나네
그 빛을 받으면 난 어른이 되겠지
쉬지 말고 쉬지 말고 나를 비춰줘
어른이 되어서 네게로 갈테야 (달이 사라진다.)
(창살을 붙잡고 소리친다.) 아빠, 날 꺼내줘요. 산책이 하고 싶단 말이에요.

아빠   (무대 한쪽으로 등장) 얘야, 진정하고 내 말을 들어보렴. 세상은 아직 너 같은 어린 여자아이가 나다니기에는 무서운 곳이란다.

소녀 왜요? 그곳엔 괴물이 있나요?

아빠 얘야, 아빠가 하는 말을 잘 들으렴. 동화책 속에 나오는 초록색 피부에 뿔이 달린 괴물이나 뱀의 머리를 한 검은 고양이 괴물은 없단다. 하지만 세상 사람들은 살아가기 위해서 그 괴물들을 마음속에 키우고 있지.

소녀 그럼 아빠 마음속에도 그 괴물이 살아요?

아빠 얘야, 아빠 마음속에는 그런 괴물이 없단다.

소녀 그럼 뭐가 있어요?

아빠 얘야, 아빠 마음속에는 너를 사랑하는 마음만 풍선 같이 부풀어 가득 들어 있단다.

소녀 치이...

아빠 얘야, 시간이 늦었구나. 아이들은 어른보다 꿈꾸는 시간이 더 많이 필요하단다. 자, 먹으렴. (알약을 준다.)

소녀 아빠, 이걸 먹으면 언제나 머리가 어지럽고 잠이 와요.

아빠 얘야, 그걸 먹고도 어지럽지 않고 잠이 오지 않으면 어른이 된 거란다.

소녀는 스르르 무너져 잠이 든다.

아빠 얘야, 편히 잠들렴. 이 아빠가 언제까지고 널 지켜줄게.

아빠가 소녀가 잠들어 있는 새장을 소중하게 감싸면 서서히 암전. 암전 중에 혼란스럽고 괴기스러운 음악이 흐른다. 음악이 고조되면서 조명 밝아진다. 푸른빛 달이 떠 있다.

#2. 열려진 새장의 문

소녀   아빠? 어디 있어요, 아빠?

소녀가 창살을 붙잡고 흔들자 새장의 문이 열린다. 소녀, 놀란 듯 문과 멀리 떨어지지만 서서히 다가간다. 그리고 문을 나온다. 무대 곳곳을 자세히 살핀다. 마치 시골의 자연에서 살던 아이가 도시에 와서 처음 플레이스테이션을 만지는 것처럼. 동작은 천천히, 눈은 동그랗게 뜨고 시야에 들어오는 모든 것들을 하나도 남김없이 기억하겠다는 마음으로. 인위적이고 상징적인 동작, 하지만 규칙적이지 않고 그 자체가 자연스럽다. 소녀에겐 이 세상이 이해되지 않는 것들 투성이다. 달을 쳐다본다.

소녀   달은 변함없구나. 여전히 환하고 은은해. 마치 아빠처럼…

아빠가 무대 한쪽에서 당황한 모습으로 등장한다. 무대 여기저기를 다니면서 살핀다.

아빠   얘야. 내 딸아! 거기서 어떻게 나왔니? 누가 그 문을 열었니?

소녀   (미소 지으며) 응? 그냥 저절로 열렸어. 내 생각엔 달빛이 비춰서 그런 것 같아.

아빠   얘야, 다친 덴 없니? 아빠 말고 다른 사람이 오진 않았니?

소녀   그런 건 없었어. 계속 나 혼자 있었지. 좀 무섭기도 했지만 아무 일도 일어난 것은 없어.

아빠   얘야, 천만다행이구나. 이제 들어가렴.

소녀   아빠, 나 안 들어가면 안돼? 저 안은 좁아. 답답해.

아빠   얘야, 못된 소리를 하는구나. 예쁘고 착한 내 딸아, 아빠 말을 들어야지?

소녀   (새장 안으로 들어가서) 하지만 정말 좁아. 진짜야. 이제, 나 이렇게 가슴도 자라고 엉덩이도 커졌단 말이야.

아빠   (몹시 흥분해서 말을 더듬는다.) 가… 가슴이 자… 자… 자… 자랐단 말이지? 흠… 흠… 엉덩이도 커지고?

소녀   아빠 눈이 이상해. 어디 아파?

아빠   얘… 얘야… 네… 네가… 어… 얼마나… 자랐는지 이… 이… 아빠한테 보… 보… 보여주렴.

소녀는 곰곰이 생각한다. 생각하는 동안 아빠는 새장 주변을 안절부절 하며 맴돈다. 그 모습이 원숭이 같다. 한참을 맴돌다 동작을 멈추고 딸의 대답을 기다린다. 눈은 벌겋게 충혈이 되어 있고 동물적인 거친 숨소리만 내뿜는다.

소녀   알았어. 보여줄게.

소녀는 앉은 채 뒤돌아 천천히 옷을 벗는다. 어깨에서부터 아주 천천히. 실오라기 하나하나의 소리가 사라락 사라락 들릴 만큼. 소녀의 상체가 드러난다. 아빠는 흥분한 채 무대를 종횡무진 누빈다. 그리고 소녀가 들어있는 새장 앞에 선다.

아빠   세상에… 내 딸이… 사랑스럽고 귀여운 내 딸이… 나의 종달새가… 종달새가! 저런 죄악을 잔뜩 머금고 있었다니… 있을 수 없어! 도저히 있을 수 없어!

소녀   (고개만 돌린 채) 아빠, 왜 그래? 계속 보여줘?

아빠   (딸을 보고) 그… 그래. 계속 하렴. (앞을 보고) 어떻게 이런 일이! 조그마한 나의 종달새에게 어떻게 이런 일이… 누가? 도대체 누가? (눈알을 희번덕거리며 굴린다.) 그… 그래… 저놈의 달빛 때문이다. 저 달빛이 아무도 모르게, 쥐도 새도 모르게 내 사랑스러운 딸을 죄악에 물들였구나. 저놈의 달빛이!

소녀   아빠 왜 그래?

아빠, 당황하던 동작을 멈춘다. 새장 뒤로 점잖게 걸어가서 주저앉은 딸을 바라본다.

소녀   아빠 기분이 이상해. (사이) 부ㄲ러.

아빠, 새장 가까이 다가온다. 침을 꿀꺽 삼킨다.

아빠   얘야, 아빠가 좀 만져야 되겠구나. 그래도 되겠지?

아빠는 새장 안으로 손을 뻗어 소녀를 만진다. 호흡이 거칠어지고 표정도 일그러진다. 팔이 떨리기 시작하고 점점 몸 전체가 떨린다. 달의 모습이 일그러지기 시작한다. 파르스름한 달을 붉은 늑대가 아가리를 벌려 삼킨다.

아빠   (쥐어짜듯이) 저놈의 달 때문이야. 달을 못 보게 하겠어. 으으으… (매우 심하게 떤다.)

소녀   왜 그래, 아빠?

아빠   넌 나의 사랑스럽고 귀여운 작은 종달새.

70

소녀   (크게) 싫어!

암전.

#3. 날아간 새

조명 다시 밝아지면 문이 활짝 열린 새장이 있고 그 옆에 아빠가 넋이 나간 채 바닥에 주저앉아 있다.

아빠   (울음) 흐으으… 종달새는 집을 나가버렸다. 흐으으… 문을 박차고 힘차게 날아가 버렸다. 흐으으… 다시 돌아올까? 여기로 다시 날아올까? 흐으으… (천천히 울음을 그친다.) 그래, 다시 날아올 거야. 상처입고 날개가 찢겨서 여기로 다시 돌아올 거야. (새장 안으로 들어간다. 그리고는 문을 닫는다.) 네가 올 때까지 나 여길 따뜻하게 지킬게. 우리 보금자리. 그 때는 다시 헤어지지 말아.

천천히 암전.

2. 우주선을 가진 소년을 만나다

#1. 여행

조명이 밝아지면 사막의 밤이 펼쳐진다. 소녀가 무대 뒤에 웅크리고 앉아있다. 아주 낡은 담요를 한 장 덮고 있지만 그 담요도 여기저기 구멍이 나 있어서 그 사이로 소녀의 맨살이 비친다.

소녀   추워…

멀리서 늑대가 우는 소리가 들린다.

소녀   무서워… 아빠는 왜 갑자기 그렇게 무서운 얼굴을 한 걸까? 내 가슴이랑 엉덩이가 커진 게 싫어서일까? 하지만 그건 내 잘못이 아니잖아. 그건 비로소 나도 어른이 되어 간다는 증거란 말이야. (잠시 사이) 그런데 정말 춥다. 그래도 아빠랑 있었을 때는 이렇게 추웠던 적은 없었는데…

무대 한 쪽에서 배달원의 모습을 한 사람이 등장한다. 그의 손에는 피자 상자가 들려있다. 소녀를 발견하곤 곧장 소녀에게 온다. 배달원은 소녀 앞에 피자 상자와 콜라를 내려놓는다.

소녀   지금 뭐 하시는 거죠?
배달원   (의아하게) 피자 안 시키셨습니까?
소녀   아… 아니요.
배달원   예? 정말 피자 안 시켰습니까?
소녀   안 시켰는데요.
배달원   (화를 낸다.) 아니 도대체 누구야? 나를 이렇게 엿 먹이는 사람이!
소녀   왜 그렇게 화가 나셨나요?
배달원   그럼 화가 안 나게 생겼어? 헐레벌떡 뛰어왔단 말이야.

소녀	왜요?
배달원	신속한 배달을 위해서지. 우리 가게의 슬로건이 "이 세상 어디까지나 그 언제든지"란 말씀이야. 그런데 정말 이상하네. 바로 5분 전에 전화가 왔었단 말이야.
소녀	그렇군요. 하지만 이 근처엔 아무도 없는 걸요.
배달원	그래? 그렇단 말이지. 젠장! 장난 주문 건수가 하나 늘어버렸군. 그런데 넌 뭐야?
소녀	예?
배달원	넌 뭐길래 여기 이 사막 한가운데에서 혼자 있는 거야?
소녀	모르겠어요.
배달원	쯧쯧... 보아하니 집에서 가출을 한 모양인데 얼른 돌아가도록 해.
소녀	돌아갈 수 없어요.
배달원	왜? 부모님이 돌아가셨니?
소녀	아니요. 아빠가 있어요.
배달원	그래? 그럼 어서 돌아가도록 해. 아직 세상은 너 같은 어린 아이가 돌아다니기에는 너무나 위험하단 말이야.
소녀	우리 아빠도 항상 그 말을 하셨어요.
배달원	참 훌륭한 아버지를 뒀구만. 아버지 말씀이 옳아. 어서 돌아가도록 해. 이건 내 경험에서 우러나오는 소리야.
소녀	무슨 경험을 했길래요?
배달원	궁금한 게 많은 아이로군. 나도 너만한 나이 때 가출을 했지. (회상한다.) 우리 집은 무지무지 가난했었어. 그 무너져 가는 집구석에 틀어박혀 있어서는 앞으로의 내 미래가 어두울 거라는 생각이 들더군.
소녀	그래서 집을 나가셨어요? 어머, 가여워라.

배달원	가출했을 때는 그리 가엾지 않았지. 왜냐하면 장롱 바닥에 숨겨져 있었던 부모님의 비상금을 모조리 가지고 나왔기 때문이야. 그런데 날이 갈수록 비참해지기 시작했어. 그래서 나는 일을 하기로 마음을 먹었지.
소녀	무슨 일을 했는데요?
배달원	(슬픈 듯이) 뭘 할 수 있었겠니? 아무것도 못했지.
소녀	참 안됐군요.
배달원	하지만 난 결국 해냈어. 79 : 1의 경쟁률을 뚫고 피자 배달원이 됐단 말이야. (뿌듯하게) 난 이 배달일을 열심히 할 거야.
소녀	그렇게 하세요.
배달원	그래서 말인데… 이 피자 네가 사주면 어떻겠니? 이대로 그냥 돌아가면 주인에게 핀잔을 듣게 된단 말이야.
소녀	예?
배달원	너 가출한 지 얼마 되어 보이지 않는데… 돈은 조금 가진 게 있겠지? 하긴 이런 사막에선 돈을 쓸 기회도 없었을 거라구. 하하하… 나라도 만나지 않았다면…
소녀	전 돈이 없어요.
배달원	뭐? 그게 무슨 소리야?
소녀	돈이 없어요. 하지만 배는 고파요.
배달원	가출한 주제에 돈이 없다니… 이건 콜라 없이 피자를 먹는다는 소리와 마찬가지군.
소녀	그 피자 좀 나눠 주세요.
배달원	안 돼! 세상이 그렇게 호락호락한 줄 알아?

전화소리가 들린다. 배달원이 주머니에서 전화를 꺼내서 받는다.

배달원	(공손하게) 네. (놀라서) 네? (비장하게) 네! (힘없이) 네… (전화를 끊는다. 한숨)
소녀	왜 그러세요?
배달원	(맥이 풀려서) 아니, 그게 글쎄… 이 사막에서 주문전화가 온 게 아니고 중국의 고비 사막이라고 하는구나.
소녀	거기가 멀어요?
배달원	아주 멀지.
소녀	달나라만큼 멀어요?
배달원	그만큼은 아니지만… 난 가봐야겠다. 네가 이 피자를 사줄 수 있는 게 아닌 이상 그 고비 사막으로 이 피자를 배달하러 가야지.
소녀	안됐군요.
배달원	할 수 없지. 우리 가게의 슬로건은 "이 세상 어디까지나 그 언제든지"니까. (시계를 본다.) 이런 15분 밖에 남지 않았잖아. 30분 내로 배달하지 않으면 돈을 받을 수 없단 말이야.
소녀	서둘러 가보세요.
배달원	그래. 잘 있으렴. 가기 전에 한 가지 충고를 하지. 이 세상은 말이야. 돈 없으면 힘들어져. 너도 돈을 꼭 만들도록 해.
소녀	고마워요. 명심할게요.

배달원 등장했던 길로 다시 퇴장한다. 소녀, 춥고 배가 고픈 듯 몸을 웅크린다.

소녀	추워. 배도 고프고… 이러다가 죽는 건 아닐까? (노래 부른다.)
	어서어서 달리렴 서둘러 길을 가렴

사나운 늑대가 널 삼키기 전에
달콤한 꿈 이제 그만 꾸고 일어나야지
한 걸음 한 걸음 저 달에게 다가가야지

#2. 만남

누군가가 헐레벌떡 뛰어 들어온다. 그렇다고 해도 실제처럼 뛰는 것은 아니고 희화화된 동작이 필요하다. 러닝머신 위에서 뛰고 있다고 상상하자. 다리를 ㄱ과 ㄴ자로 만들어서 뛴다. 시선은 한 곳으로 고정. 비행기 조종사의 복장. 반드시 빨간 마후라를 착용해야 한다.

소년   지구와 달 사이의 거리는 사람이 걸어서 1247만 5263시간이 걸리지. 그래서 살아서 그곳까지 가려면 강력한 추진력이 필요해. 그런데 그 추진력을 어디서 얻을 수 있을까?

소년이 독백을 하는 동안 소녀는 웅크렸던 몸을 다시 엎드린다.

소년   그래, 존경하는 박사님께 물어봐야겠어. (시선을 떨구고 무대를 살피다 쓰러져 있는 소녀 발견하고 놀란다. 사이) 저기… 여보세요? 괜찮으세요?

소녀, 엎드린 자세에서 몸을 웅크린다.

소년   이런데서 뭐 하고 계시는 거죠? 그런 모습으로 있다가는 큰

일 나요.

소녀   추워…

소년   네?

소녀   너무 추워요…

소년   이걸 어쩌나? 우선 이거라도 덮으세요. (목에 걸린 **빨간 마후라**를 풀어서 준다.)

소녀   고마워요.

소년   아... 아니에요.

소녀가 소년을 물끄러미 올려다보고, 그 시선에 부끄러워 어쩔 줄 몰라 하는 소년의 얼굴이 붉어진다. 암전.

#3. 첫사랑과 첫키스

조명 밝아지면 달이 떠 있는 무대. 빨간 천을 둘이 같이 뒤집어 쓰고 앉아 있다.

소녀   달나라에 가봤어요?

소년   아니.

소녀   그럼 어디에 가보았나요?

소년   아직 아무데도 간 적은 없어.

소녀   이제부터 어디로 갈 예정이죠?

소년   달나라에 갈 거야. 그곳에 가서 지구를 바라보는 게 내 꿈이지.

소녀   나도 같이 데려가 줘요.

소년	공짜로?
소녀	네?
소년	거기까지 공짜로 태워줄 수는 없어.
소녀	전 가진 게 아무것도 없어요.
소년	그럼 곤란한데…
소녀	제가 빨래를 해드릴게요. 요리도 해드리지요.
소년	그런 건 나도 할 줄 안다구. 뭐 다른 건 없어?
소녀	…
소년	응?
소녀	(시무룩하다.) 없어요.
소년	생각해 봐. 얼른. 저 달나라에 가서 구슬 같은 지구를 바라보고 싶지 않니?
소녀	…
소년	내 우주선은 아주 작아. 한 사람이 타기엔 자리가 조금 넉넉하지만 두 사람이 탑승하기엔 조금 좁은 정도거든. 그래도 뭐, 탈 수 없는 건 아니야. 연료가 두 배 가량 더 들고 화장실이 두 개가 필요하겠지. 우주복도 하나 더 장만해야겠고… 그러니까 내 말의 요점은 말이야 요컨대 음... 비용이 부족하다는 거지. 하지만 따로 저금 해놓은 것도 있고 해서 그리 큰 문제는 없어.
소녀	그러면 그냥 태워주면 되겠네.
소년	그래. (화들짝) 아니! 아니야. 그냥 태워주진 않아. 난 너에게 뭔가를 받아야만 해. 그래야 공평하잖아.
소녀	뭘 바래?
소년	음… (부끄러워 한다.) 그러니까 이건 아주 특별한 거야.
소녀	날 안고 싶어?

소년	그래!
소녀	(말없이 소년을 바라본다. 마치 책망하듯이)
소년	아냐! 그런 거랑은 다른 거야. 좀 더 감미로운 그 무언가가 있어.
소녀	거짓말!
소년	나 참! 미치겠네.
소녀	사실대로 말해봐. 날 안고 싶은 거라고...
소년	안고 싶어. 그런데 그냥 안는 게 아니고 다른 뭔가가 더 있 단 말이야.
소녀	뭐?
소년	몰라!

둘 다 말없이 정면을 응시하고 있다.

소녀	달나라엔 토끼가 있을까?
소년	(시무룩하게) 없어.
소녀	가보지도 않았는데 어떻게 알아?
소년	가보지 않아도 알 수 있는 방법이 있어.
소녀	뭔데?
소년	망원경.
소녀	그거 믿을 수 있어?
소년	당연하지. 일 년치 용돈을 아껴서 구입한 거라구.
소녀	한 번 볼 수 있어?
소년	아니, 얼마 전에 고장났어.
소녀	왜?
소년	달 너머에서 나를 부르는 소리가 들렸어. 도대체 그 소리가

어디서 나는 지 궁금해 죽을 지경이었지. 그런데 내 망원경은 달 뒤편을 보여주진 않았어. 난 달 뒤에 있는 세계를 보고 싶었지.

소녀 그럼 고장난 게 아니네?

소년 엄밀히 말하면 그렇지. 난 달의 보이는 면은 이제 속속들이 다 알고 있어. 내 유일한 관심은 달 뒤편에 뭐가 있느냐 하는 거지. 그런데 내 망원경은 달 뒤를 보여주지 않아. 그렇다면 고장이 난 거와 진배없지.

소녀 그래서 달나라로 가려고 하는구나.

소년 그래.

소녀 달나라까지 얼마나 걸리는데?

소년 몰라.

소녀 칫! 넌 아는 게 하나도 없구나.

소년 모르면서 아는 체 하는 것보다 차라리 처음부터 모른다고 하는 게 훨씬 나아.

소녀 하지만 아무것도 몰라서야 어디 달나라까지 갈 수 있겠니?

소년 그래서 박사님께 물어보려고 가는 길이야.

소녀 그 박사님은 어디 계셔?

소년 지구방위본부에 우주개발 총책임자로 계셔.

소녀 같이 가자.

소년 좋아. 바라던 바야. 그런데 아까도 말했다시피 조건이 있어.

소녀 아까도 말했다시피 난 가진 게 아무것도 없어.

소년 내가 바라는 건…

소녀 …

소년 사랑이야.

소녀 뭐?

| 소년 | 늘 내 뒤에서 날 따뜻하게 지켜봐줘. 그리고 아무리 어려운 일이 있어도 내 손을 놓지 마. 외로운 일이 있을 땐 시선을 맞추고 날 위로해줘. |

소년은 소녀를 그윽하게 쳐다본다. 소년의 시선에 소녀는 고개를 떨어뜨린다. 소년, 소녀의 얼굴에 손을 뻗어 감싼다. 서서히 얼굴을 마주 댄다. 아주 천천히 아주 깊은 키스를 한다.

소녀	(상기된 얼굴이다.) 이게 사랑이야? 심장이 터질 것 같아.
소년	나도 그래. 하지만 기분 좋지 않니?
소녀	좋아. 이런 게 사랑이라면 나 얼마든지 네게 해줄게. 하지만 날 꼭 저 달나라로 데려가 줘야해.
소년	알았어. 가자. (일어선다.)
소녀	어디로?
소년	박사님을 찾아뵈러 가야지.
소녀	그래, 좋아. (일어선다.)

소년과 소녀, 손을 꼭 잡고 걸어 나간다.

#4. 설계도

반대쪽에서 약간의 시간을 두고 골뱅이 안경을 끼고 가운을 입고 있는 박사가 걸어 나온다. 브리핑을 할 준비물을 챙긴다. 행동이 엉성하고 서투르다.

박사   (관객을 쳐다보고) 내가 요새 새로 제창한 이론이 있어. 그 이름하여 "N극과 S극의 무중력적 무한가속증가 접촉현상에 대한 인문학 및 사회학적 접근법 비판의 물리학적 방법론 연구"지.

상자를 꺼내서 놓고 양쪽에 자석을 놓는다.

박사   뭔지 이해 못하는 모양인데 그런 사람들을 위해서 내가 알기 쉽게 설명을 해주지. 자, 여기 상자가 보이지? 그리고 이 두 개는 각기 다른 극성을 띤 자석이야. 하나는 N극이고 또 다른 하나는 S극이야. (자석을 들어 서로 달라붙는 것을 보여준다.) 부디 헷갈리지 말기를… 이처럼 서로 다른 극성을 띤 자석은 서로를 열렬하게 끌어당기지. 마치 그 쪽 둘처럼 말이야. (객석을 가리킨다.) 너무 붙지 말라구. N극과 S극은 서로 너무 달라붙어 있으면 불이 난단 말이야. 설마 여기에 불이 붙어서 모조리 죽길 바라는 건 아니겠지? 아무튼 이 상자를 가운데에다가 놓고 자석을 양 옆에 놓으면 이 상자 안에서는 무한가속증가 접촉현상이 생기게 되는 거지. 어이, 조수! 이리로 와서 나 좀 도와주게. (무대 밖으로 조수를 부른다. 아무 대답이 없자) 도대체 어디로 간 거야? 이런 망할 것 같으니라구. 어이!

박사, 조수를 부르러 퇴장한다. 박사가 나가면 반대쪽에서 소년과 소녀가 들어온다. 소녀는 알프스 소녀 같은 복장을 하고 있다.

소년	아무도 안 계세요?

계속 두리번거린다.

소녀	여기가 맞아?
소년	맞아.
소녀	그러면 좀 기다려 볼까?
소년	그래.

소녀는 무대 한 쪽에 놓여 있는 박사의 짐에 다가간다.

소년	이리 와! 위험한 것일지도 몰라. 박사님은 아주 색다른 실험을 많이 하신단 말이야.
소녀	이건 별로 위험하지 않은 것 같은데?
소년	너의 호기심은 정말이지 말릴 수가 없구나.
소녀	그 말에 악의가 깃들여 있지 않기를 바래.
소년	(다가온다.) 넌 너무 깜찍해.
소녀	(상자를 보며) 이건 뭘까? 안에 뭔가가 들어있는 것 같은데?
소년	폭발물인지도 몰라.
소녀	아닌 것 같은데?
소년	손대지 마.
소녀	열어보자.
소년	박사님이 오실 때까지 조금만 참아.
소녀	별로 위험할 것 같지 않은데? 이렇게 예쁜 상자 안에 무시무시한 것이 들어있으리라고 누가 상상하겠어? 아마 귀여운 인형이 들어있을 거야.

소년	제발!
소녀	짠! 기대하시라!!

소녀, 상자 뚜껑을 연다. 상자 안에서 하트가 용수철에 달려 튕겨 오른다.

소녀	하하하하! 이것 봐, 이럴 줄 알았어.
소년	정말 다행이다.
소녀	넌 너무 심각한 게 탈이야. 가끔은 진지하고 신중하다는 생각도 들지만…
소년	넌 너무 경솔해. 가끔은 신선하고 발랄하다는 느낌을 받지만…

박사, 등장한다.

박사	(상자를 보고) 아니, 이게 어찌된 일인가? 자네들이 이렇게 만들어 놓았나? 그런데 자네들은 누군가?
소년	안녕하십니까? 저희는 박사님께 가르침을 받고자 멀리서 찾아온 사람들입니다.
소녀	달나라에 가고 싶어요.
박사	뭐라구? 달나라에?
소년	그렇습니다. 달나라에 가고 싶습니다. 박사님께 꼭 제 우주선의 설계와 시스템에 대한 조언을 받고 싶습니다.
박사	잘못 찾아왔네. 난 이미 우주공학에서 손을 뗀 지가 오래일세.
소년	박사님의 저명한 명성을 듣고 찾아왔습니다. (간절하게) 도와

주세요.

박사   (버럭) 잘못 찾아온 거라니까! 난 이제 우주공학엔 흥미가 없다네.

소년   믿을 수 있는 사람이 없어요. 오직 박사님만이 저를 도와주실 수 있으세요.

박사   그런 이유로 날 찾아온 사람이 자그마치 12,475,263명이나 되네.

소녀   그럼 그 많은 사람들의 의문을 외면한 채 여태까지 살아오셨단 말인가요? 정말 뻔뻔하시군요.

박사   저 맹랑한 아가씨는 누군가?

소녀   사실은 자신도 모르는 거 아니에요? 괜히 창피를 당하기 싫으니까 가르쳐주지 않는 척 하는 거죠.

소년   (소녀에게) 박사님께 그게 무슨 말버릇이야? (박사에게) 용서해 주십시오. 제가 대신 사과를 드리겠습니다.

박사   내가 우주방위본부의 우주개발 총책임자로 있을 때 무수한 사람들이 나의 우주에 대한 지식을 듣고자 구름떼처럼 몰려왔었지. 그것 때문에 우주방위본부의 모든 업무가 마비될 때도 있었다구. 그리고 그 일이 터진거야.

소녀   무슨 일요?

박사   당시 세계정세는 무척이나 혼란스러웠지. 정체 모를 검은 전사들이 거대한 쌍둥이 괴물의 다리를 분질러 버렸거든. 우주방위본부에서는 이 사태를 두고 외계인의 소행이라 결론지었지.

소년   그래서요?

박사   비밀리에 지구의 평화를 위해서 싸울 용사 다섯 명을 양성했어.

소년	그렇다면 그 소문이 사실이었군요.
소녀	무슨 소문?
소년	독수리 오형제 말이야.
소녀	그런 게 있었어?
소년	그럼! 독수리 오형제는 우리의 우상이었어. 그런데 어느 날부터인가 점점 잊혀져갔지.
박사	그렇다네.
소년	무슨 일이 있었나요?
박사	고된 훈련과 위험한 작전을 수행하던 중에 그만…
소년	전사했나요?
박사	아니, 그들은 외계인과 한 번 싸워보지도 못하고 죽어갔네.
소녀	왜죠?
박사	작전 중에 먹었던 전투식량을 먹고는 식중독에 걸려 모조리 죽어버렸어.
소년	어떻게 그럴 수가 있죠? 이해가 되지 않아요.
박사	유통기한이 지난 거였거든.
소녀	안됐군요.
박사	그 사태의 책임을 지고 난 우주방위본부를 나왔다네. 그리고 그 후부터 우주개발에 대한 모든 꿈을 버렸지.
소녀	꿈을 버렸다는 건 어둠 속에 들고 있던 한 줄기 등불이 꺼진 것과 같아요. 당신은 이미 죽은 사람이군요.
소년	무슨 말이야? 그럼 박사님이 이미 죽은 사람이란 말이야?
소녀	그래, 죽은 사람이야. 마음 속에 간직한 꿈이 사라질 때, 사람은 이미 자신이 있어야 할 곳을 잃고 헤매게 돼.
박사	허허허… 맹랑한 아가씨가 정곡을 찌르는 말을 하는군. 그래 맞아. 아가씨 말이 옳지. 난 이미 죽어있는 사람이야.

그런 내게서 뭘 얻으려 하나? (허탈하게) 아무것도 없어.

소녀 (박사를 지켜보다가 소년을 보고) 우리 그만 가자.

소년 그렇지만…

소녀 여기 있을 필요 없잖아. 너와 나의 믿음으로 날아가는 거야. 달나라에 도착하기 전에 공중에서 폭발해도 괜찮아. 그래서 죽어도 돼. 하지만 난 행복할거야. 가자.

박사 잠깐 기다려보게. (상자 속을 뒤진다. 그리고 종이 한 장을 꺼낸다.) 이건 내가 우주방위본부에서 근무하고 있을 때 설계를 한걸세.

소년 뭐죠?

박사 독수리 오형제에게 지급될 제트기였지. 이론상으론 달까지 가는 건 충분해. 짐작으론 안드로메다까지도 갈 수 있어. 얼마의 시간이 걸릴지는 미지수지만… (건네준다.)

소년 (설계도를 받아 자세히 들여다본다.) 이럴 수가… 이거였어요. 이런 방법으로 추진력을 얻을 수가 있다니… 정말 고맙습니다.

박사 그럼 그만 가보게. 자네들과 같이 있는 것만으로도 난 많은 시간과 에너지를 뺏기고 있는 느낌이야.

소년 고맙습니다. (소녀에게) 어서 가자. (퇴장한다.)

소녀 (박사에게) 고마워요. 당신의 꿈, 우리가 이어 받아서 다시 밝힐게요. 그런데 그 추진력이란 게 뭐죠? 그게 그렇게 중요한 건가요?

박사 그렇지. 중요하지. 그게 자네들을 달나라로 데려다 줄 거니까.

소녀 그렇군요. 저도 그만 가볼게요. 그럼… (인사하고 퇴장한다.)

박사 (나간 쪽을 바라보며) 그 추진력이란 건 열정이야. 자네들

마음속에 품고 있는 열정이 뜨거우면 뜨거울수록 우주선의 속력이 빨라지도록 설계했지. (나간 쪽을 그윽하게 바라보다가 시선을 관객에게 돌린다.) 참! 아까 하던 일을 계속해야지. 그러니까 이 상자가… (상자가 열려진 것을 보고) 이거 왜 이렇게 된 거지? 아! 좀 전의 젊은이들이 이렇게 해놓은 거지… (하트를 살펴보고) 훌륭해! 이거 완벽한 시츄에이션인데? 실험은 대성공이야. 이거 축배를 들어야겠구만! 와인이 어디에 있었더라? 조수! 조수! 내 와인 어디에 있나? 어이, 조수! 아니 도대체 어디로 간 거야? 정말 미치겠구만!

박사가 무대 밖으로 나갈 때 암전. 암전 중에 긴박감을 주는 음악이 들린다.

3. 달나라를 여행하다

#1. 불시착한 우주선

남자소리　메이데이! 메이데이! 우주 관제탑, 응답하라.
여자소리　어떻게 된 거야?
남자소리　꽉 잡아. 이제 불시착 하는 수 밖에 없어.
소리　아아악!

폭발소리 들린다. 조명 밝아진다. 만신창이가 된 우주선이 있다. 우주선의 모양은 꼭 전형적일 필요가 없다. 커다란 상자 하나로도 충분하다.

소녀	(우주선 밖으로 기어 나오면서) 아야야! 도대체 어떻게 된 일이야?
소년	(역시 밖으로 기어 나오면서) 나도 모르겠어. 갑자기 계기판이 이상해지면서 엔진이 꺼져버렸어.
소녀	그런데 여긴 어디야?
소년	글쎄? 조사해 봐야지.
소녀	어딜 날아가고 있었는지도 몰라?
소년	여기부턴 미지의 세계라구. 나도 여기부터는 뭐가 있는 지 잘 몰라.
소녀	달을 향해 날아가고 있었잖아.
소년	그래, 그랬지. 그럼 여긴 달인가?
소녀	확실해?
소년	아까 말했지. 이제부터 아무것도 확실한 것은 없다고.
소녀	그럼 이제 우린 어떡해?
소년	일단 우주선을 고쳐야지. 그리고 무전을 회복해서 여기가 어딘지 관제탑에 물어봐야겠어.
소녀	고칠 수 있을까?
소년	아마도…

소년은 우주선 안에서 무전기를 꺼내 수리한다. 소녀는 무대 이곳 저곳을 살펴본다.

소년	여기는 피크닉4194호. 피크닉4194호. 우주 관제탑 응답하라. 응답하라. 달을 향해 가는 중 조난을 당했다. 여기는 피크닉4194호.
소녀	응답이 없어?

소년	여긴 방해전파가 있나봐. 안테나가 안 떠.
소녀	(무언가를 발견하고) 여길 봐. 이상한 게 있어.
소년	(소녀에게 다가가) 뭔데? (발견하곤) 이건 깃발이잖아. (깃발을 들어 본다.) 이건 어느 나라의 국기야.
소녀	국기?
소년	그래, 국가를 상징하는 거지. 그런데 이게 왜 여기에 있지?
소녀	바보!
소년	?
소녀	이게 있다는 건 여기에 누군가가 왔다가 간 거야.
소년	(고개를 끄덕이며) 그렇구나.
소녀	누굴까? 이 곳에 왔다가 간 사람이.
소년	아마 달나라를 여행하려고 했었던 사람일거야.
소녀	어떻게 알아?
소년	국기를 꽂아놓은 걸 보면 알 수 있지. 달나라까지 힘차게 날아가다가 그만 연료가 다했거나 아니면 중간에 돌아가야 할 급한 일이 생겨서 여기에 깃발을 꽂아 놓고 돌아간 거야.
소녀	난 다르게 생각해.
소년	뭐?
소녀	달나라에 가기 전에 그들이 원한 것을 이루었던 거야. 그래서 굳이 달나라까지 갈 필요가 없었던 거지.
소년	넌 언제나 긍정적이고 밝게 생각하는구나.
소녀	그게 내 매력이잖아? (깃발을 들고) 이건 도로 꽂아놓자.

무전기에서 잡음이 들린다.

소년	우주 관제탑에서 연락이 오나봐.

소년과 소녀, 무전기로 돌아온다. 소년은 무전기에 귀를 대고 집중한다. 잡음이 끊어진다.

소년	이럴 수가…
소녀	왜 그래? 관제탑에서 뭐래?
소년	여기가 달이래.
소녀	여기가?
소년	그래. 우린 지금 달 위에 서 있는 거야.
소녀	그럼 우린 목적지에 도착한 거구나. (기뻐한다.)
소년	(착잡하게) 그래.
소녀	표정이 왜 그래? 기쁘지 않아?
소년	기뻐. 아니야. 기쁘지 않아.
소녀	너 이상하다.
소년	(격정적으로) 난 달나라가 정말 신비롭고 아름다운 곳인 줄만 알았어. 그런데 여긴 도대체 뭐야? 아무것도 없는 그저 황량한 땅일 뿐이야. (의기소침) 거기다가 이미 누군가가 벌써 다녀간 뒤고…
소녀	어쨌든 달나라에 온 거잖아.
소년	그래. 맞아. 달나라에 왔어. 하지만 이젠 뭘 하지?
소녀	여기에 우리가 왔다는 표시를 남기자. 넌 깃발 같은 거 없니?
소년	소용없어. 표시를 남기는 건 맨 처음에 온 사람에게만 의미가 있는 일이야. 우리는 여기 달나라에 맨 처음 온 게 아니라구.

소녀	그럼 내일 달 뒤편을 조사하자. 네가 늘 말하길 달 뒤편에 뭐가 있는지 궁금하다고 그랬잖아. 혹시 진짜로 토끼가 있을 지도 모르잖아?
소년	벌써 조사가 다 되었을 거야. 내가 조사해봤자 새로운 사실을 알아낼 수는 없을 거라구. 먼저 온 사람이 벌써 신문이나 TV에 다 떠들어댔을 거란 말이야.
소녀	너 지금 무척이나 슬프구나.
소년	그래, 맞아.
소녀	이리 와. 내가 안아줄게.

소년, 소녀에게 와서 안긴다. 그리고 주저앉는다. 그런 소년에게 소녀는 눈을 맞춘다.

소년	이제부터 난 뭘 해야 하지? 어떻게 살아야 하지?
소녀	너무 상심하지 마.

소년, 숨죽여 운다. 소녀는 소년을 더욱 세게 끌어안아준다.

소녀	(소년의 머리를 쓰다듬으며 노래 부른다.) 꿈이란 별과 같아 아무도 닿을 수 없지만 우리는 그 별을 따라서 갈 길을 재촉하지 네 꿈은 과연 어디에 내 꿈은 과연 어디에 비구름 하늘 가려도

별빛은 꺼지지 않아
지금은 편히 쉬어도 돼
네 꿈은 사라지지 않아

소년과 소녀, 잠이 든다. 조명이 어둡게 변화한다.

#2. 우주인의 침입

무대 한 쪽에서 둥그런 투명 유리를 뒤집어쓴 우주인이 등장한다. 소년과 소녀 가까이 다가와서 그들을 살핀다. 옷도 들추어보고, 가지고 있는 물건을 들여다보기도 한다. 그 기척에 소녀가 깬다.

소녀   (우주인을 보고 놀라서) 꺄아아악!

소년, 소녀의 비명에 놀라 벌떡 일어난다.

소년   (옆구리에 찬 권총을 꺼내서) 뭐… 뭐야? 꼼짝 마! 움직이면 쏜다.

무대 위의 등장인물 셋. 모두가 꼼짝하지 않는다. 약간의 시간이 경과된 후.

소년   (소녀에게) 가서 저 녀석을 살펴 봐.
소녀   (겁에 질려) 싫어. 네가 가!

소년	(역시 겁에 질려 있다.) 난 총을 들고 있잖아. 네가 가!
소녀	싫어. 무섭단 말이야.
소년	(우주인에게) 움직이지 마. 절대로! (서서히 다가간다.) 정체가 뭐야? 대답해!

아무 말이 없다.

소년	정체가 뭐냐니깐! 말하지 않으면 쏘겠어!
우주인	(부들부들 떨면서) 저… 저는 이곳에 살고 있습니다~ 만…
소녀	와! 말했다.
소년	달에 살고 있는 생물이란 없어! 거짓말 하지 마!
우주인	사실 저는 원래부터 이곳에 살고 있진 않았습니다~ 만…
소녀	(우주인에게) 그럼 어디서 왔어요?
우주인	안드로메다에 살고 있습니다~ 만…
소년	말투가 왜 그래? 다~ 만… 그거 좀 그만 할 수 없어?
우주인	이 말투는 긍지 높은 저희 안드로메다 성인이 쓰는 고유의 말투입니다~ 만…
소년	알았어, 알았어. 계속 쓰라구! (권총을 집어 넣는다.)
우주인	고맙습니다~ 만…
소녀	하하하… 재미있다. 그런데 이 곳 달에서 뭐하고 있는 거죠?
우주인	그러니까 저는 북극성을 여행하고 이 태양계를 경유해 집으로 돌아가려던 참이었습니다!~ 만… 제가 타고 있던 비행접시가 근처의 소혹성과 충돌하는 바람에 여기에 추락하게 되었습니다~ 만…
소년	그런데 왜 우리 짐을 뒤진 거지?

우주인	사실은 물도 식량도 다 떨어진 상태라 염치불구하고 도둑질을 하게 되었습니다~ 만… 정말로 큰일은 산소가 다 떨어져 간다는 겁니다~ 만…
소녀	산소?
우주인	그렇습니다~ 만…
소년	뭘 모르는군. 달에선 산소 없이도 살아갈 수 있어.
우주인	처음 듣는 소리입니다~ 만…
소녀	우리를 봐요. 그렇게 이상한 마스크를 쓰지 않아도 숨을 쉬고 있잖아요.
우주인	그렇긴 그렇습니다~ 만… 어쩐지 안심이 되질 않습니다~ 만…
소년	여긴 얼마동안이나 있었던 거야?
우주인	제가 온 이후로 지구가 정확히 8825번 돌았습니다~ 만…
소년	거짓말! 지구가 도는 게 아니라 이 달이 도는 거야.
소녀	하지만 보는 시각에 따라 다르게 보일 수도 있어.
소년	어쨌든 진리는 하나라구. 그러니까 저 우주인은 거짓말을 하고 있는 거야.
소녀	그건 거짓말이 아니야. 보이는 그대로 말했을 뿐이니까.
우주인	맞습니다~ 만…
소년	모르겠다. 네 맘대로 해. 난 잠이나 더 자야겠어. (눕는다.)
소녀	그런데 아저씨, 아저씨가 온 안드로메다는 어떻게 생긴 별이에요?
우주인	말로 설명하기가 무척 곤란합니다~ 만…
소녀	그래도 얘기를 해줘요.
우주인	그럼 어렵지만 설명을 해드리겠습니다~ 만… 그러니까 저 휘별은 일곱 개의 달이 떠 있습니다~ 만…

소녀	달이 일곱 개씩이나요?
우주인	그렇습니다~ 만… 각각의 달은 다 색깔이 다릅니다~ 만… 그 중에서도 특히 초록색 달이 뜨는 밤이 가장 아름답습니다~ 만…
소녀	너무 멋져요.
소년	(부시시 일어나) 그 달이 보고 싶어.
소녀	그렇지? 정말 궁금해.
우주인	애석하게도 그 일곱 개의 달은 전부 탐험할 수 없습니다~ 만…
소년	왜지?
우주인	한 사람은 단 한 개의 달만을 여행할 수 있습니다~ 만…
소녀	그런 게 어디 있어.
소년	그래, 그런 법이 어디 있어. 가고 싶은 곳은 다 갈 수 있다구.
우주인	자신의 꿈과 가장 근접한 달만을 여행할 수 있습니다~ 만… 물론 개중에는 아주 특별하게도 두세 개의 달을 여행한 사람들도 있긴 하지만 그건 말 그대로 아주 특별한 사람들에게만 해당되는 경우입니다~ 만…
소녀	그렇구나.
소년	뭐가 그렇구나야? 난 그 일곱 개의 달을 다 보고 말겠어.
우주인	그건 불가능한 일입니다~ 만… 전례가 없습니다~ 만…
소년	(의기양양하게) 그렇다면 내가 그 첫 번째가 되어주지.
소녀	너 기운을 되찾았구나?
소년	그래, 잠깐 동안의 시련이었지. 난 새로운 목표를 찾아낸 거야.
소녀	좋아 보여. (우주인에게) 고마워요. 우리도 아저씨에게 뭔가

도움을 줬으면 좋겠는데…

우주인   뭘 그 정도 가지고 말입니다~ 만… 정 마음이 그러하시다
          면 산소를 좀 나눠주실 수 없겠습니까~ 만… 제가 가지고
          있는 산소가 거의 다 떨어져가고 있어서 말입니다~ 만…

소녀   좋아요.

우주인   고맙습니다~ 만…

소녀는 우주인에게 달려들어 둥그런 유리를 벗기려 한다.

우주인   (크게) 으아악입니다~ 만… 뭐하는 겁니까~ 만…

소녀   산소를 달라고 하지 않았나요?

우주인   절 죽이려고 하십니까~ 만… (바둥거린다.)

소녀   죽이는 게 아니에요. 아저씨가 가지고 있는 그 벽을 넘게
          해드리는 것 뿐이에요. (우주인의 마스크를 잡고서 용을 쓴다.)
          이거 잘 안 벗겨지네? (소년에게) 너도 좀 도와줘!

소년, 소녀에게로 와 우주인의 마스크를 같이 벗기려고 힘을 쓴
다.

우주인   이 나쁜 놈들, 내가 무슨 죄를 지었다고 그러는 거냐~ 만…
          (마스크가 벗겨진다.) 우윽! 켁! 켁!! 흐아아악!!! (바닥에 뒹군다.
          아주 괴로운 듯)

우주인이 한참 바닥을 뒹구는 것을 소년과 소녀 낄낄대며 지켜
본다. 우주인 죽은 듯이 축 늘어진다.

소녀	(우주인의 어깨를 손가락을 톡톡 건드리며) 자, 아저씨 그만 일어나세요.
우주인	(눈을 뜬다.) 내가 아직도 죽지 않았단 말입니까~ 만… (다시 괴로워한다.) 으으윽!
소년	이제 그만 일어나라구. 그런 마스크 안 해도 안 죽어.
소녀	아저씨, 그만 일어나세요.
우주인	(비명을 멈추고 눈을 멀뚱멀뚱 뜬다.) 어, 이거 정말 믿기지 않습니다~ 만…
소녀	거 보세요. 우리가 멋진 선물을 한 셈이죠?
우주인	그렇습니다~ 만…
소년	자, 그러면 우주선 수리를 해볼까?
소녀	고칠 수 있겠어?
소년	그럼. 시간은 좀 걸리겠지만 고칠 수 있어. 믿음이 있다면 불가능이란 없으니까.

소년과 소녀 우주선 근처로 가서 그들의 우주선을 수리하기 시작한다. 우주인은 그런 그들을 바라보고 있다.

우주인	저기 말입니다~ 만… 제가 도움을 줄 수 있을 것 같습니다~ 만…
소녀	예? 그게 무슨 말씀이시죠?
우주인	그 우주선을 제가 수리해도 되겠습니까~ 만…
소년	수리할 수 있겠어?
우주인	저희 안드로메다 성인의 기술력은 우주 제일이라고 말씀드리고 싶습니다~ 만…
소년	그럼 고쳐줘.

우주인	좋습니다~ 만… (주머니에서 천테이프를 꺼낸다.) 이건 저희 안드로메다 성인들이 보유한 과학 기술력의 결정체라고 할 수 있는 겁니다~ 만… (테이프를 주욱 떼서 우주선의 여기저기에 붙인다.) 미학적으로는 좀 떨어지는 감이 없잖아 있습니다~ 만…

소년과 소녀, 수리된 우주선을 보고 박수를 친다.

소녀	좋아요. 훌륭해요.
소년	이제 됐어! 다시 여행을 할 수 있게 됐어. (우주선에 탑승한다. 소녀에게) 어서 타. 한시가 급하단 말이야.
소녀	잠깐만. (우주인에게) 아저씨는 안 가실 거예요? 이 곳에 혼자 계시면 쓸쓸할 텐데…
우주인	문제 없습니다~ 만… 지구가 6890번 더 돌면 제 고향 안드로메다에서 구조대가 도착할 겁니다~ 만…
소녀	너무 오래 기다리는 게 아닌가요?
우주인	괜찮습니다~ 만… 전 이 곳에서 지구를 바라보는 게 즐겁습니다~ 만…
소년	이제 출발하자구.
소녀	저희는 그만 가볼게요. 지구가 빨리 돌길 빌게요. (우주선에 탑승한다.)
우주인	고맙습니다~ 만…
소녀	아저씨의 그 이상한 말투 영원히 잊지 못할 거예요.
우주인	다시 한 번 말씀드리자면 이 말투는 긍지 높은 안드로메다 성인이 쓰는 고유의 말투입니다~ 만…
소년	자, 간다.

| 소녀 | 그럼 안녕히! (손 흔든다.) |

소년과 소녀, 우주선을 들고 걷는다. 우주인과 대칭되어 타원을 그린다. 행성이 도는 것처럼. 음악과 함께 그들은 우주인과 점점 멀어지고 우주인은 퇴장한다. 우주선은 다시 무대 중앙에 위치한다.

4. 우주를 날아가다

#1. 태양계 이야기

소년과 소녀는 우주선을 타고 비행하고 있는 것이다. 조명이 다 홍색으로 변한다.

소녀	저 별의 이름은 뭐지?
소년	화성이야.
소녀	화성? 굉장히 붉은 별이야.
소년	그래, 옛날에는 저 별이 전쟁을 상징하는 별이었대. 그 이름도 마르스였고…
소녀	저긴 사람이 살고 있을까?
소년	풍문으로만 전해지는 이야기지만 저긴 꽤 성질이 더러운 생물체가 살았다고 그래.
소녀	성질이 더러워? 정말 웃기다.
소년	그래, 그들은 아름답고 살기 좋은 지구를 침략하려고 오랜 시간 동안 전쟁준비를 했었지.

소녀	하지만 난 화성인의 침략 소식 따위는 듣지 못 했는걸?
소년	맞아. 화성인들은 어느 날 갑자기 몰살했어.
소녀	왜?
소년	화성인들의 성질이 더럽다는 말을 들은 우주 청소부들이 최신식 청소도구를 들고 깨끗이 청소를 해버렸거든.
소녀	그럼 화성인들의 성질이 깨끗해진 거야?
소년	성질은 깨끗해진 반면에 성격이 더러워져 버렸지. 그래서 우주 청소부들은 화성에 대해 다시 의논했지. 그리고는 살균 바이러스를 뿌렸어.
소녀	그래서 다 죽은 거야?
소년	응.

조명이 녹색으로 바뀐다.

소녀	저 별은 무지 크다.
소년	그래, 저 별은 목성이라고 해. 우리가 살고 있는 태양계에서 가장 큰 별이지.
소녀	저 별에도 달이 있을까?
소년	그럼! 아주 정열적인 달이 있어. 아직도 목성에게 화를 내고 있지.
소녀	왜 화를 내는데?
소년	그건 몰라.
소녀	외로워서 그런 게 아닐까? 목성에게 사랑한다고 말하고 싶지만 자존심이 허락하지 않으니까 버럭 화만 내는 거라구.
소년	그 말도 일리가 있구나. 저기 다음 별이 다가온다.
소녀	그만 쉬어가자.

소년	왜? 이제 겨우 비행을 시작했는데…
소녀	저 별에서 잠깐 쉬어.
소년	조금만 더 가다가 쉬자.
소녀	지금 지나쳐간 별은 뭐야?
소년	천왕성이야. 그리고 지금 보이는 저 별이 해왕성이구…
소녀	정말 파랗다. 지구보다 더 파란 것 같아.
소년	원래 아까 봤던 천왕성이랑 지금 해왕성은 쌍둥이야.
소녀	정말? 그런데 왜 떨어져 있는 거야?
소년	그들은 한 여자를 동시에 사랑했거든. 그래서 그 둘은 하늘과 바다가 갈라질 만큼 격렬한 싸움을 했고 결국은 서로 갈라서게 된 거야.
소녀	가여워라. 그럼 그 여자는 어디에 있어?
소년	목성과 천왕성 사이에 있지.
소녀	그런데 왜 우린 못 보고 그냥 지나왔을까?
소년	우리가 날아온 곳의 반대편에 있었기 때문이야. 근사한 별이지. 멋진 치마를 두르고 있어.
소녀	보고 싶다. 다시 돌아가면 안돼?
소년	그 별은 숨죽일 듯한 노란색의 별이지. 그 아름다움에 도취되어 죽은 사람들이 한둘이 아니야. 정신을 잃고 멍하니 항해를 하다간 그 별의 띠에 충돌하게 되거든. 여자의 치마는 예부터 지금까지 가장 무서운 것 중의 하나야. 그 치마에 덮이게 되면 어떤 강한 남자도 어린애처럼 약해지고 말아.
소녀	치이… 엉터리야.
소년	천왕성과 해왕성을 봐도 알 수 있잖아? 누구보다 절친한 쌍둥이 형제가 여자 때문에 갈라서고 말았다구.
소녀	그건 그 누구보다 멋진 사랑을 원했기 때문이야. 설령 형제

라 하더라도 포기 못할 사랑이 있었기 때문이라구. 그런데 두 남자의 힘이 막상막하라서 승부가 나지 않았던 거야. 만약에 최선을 다해 싸웠고 그래서 승부가 났더라면 진 사람은 이긴 사람을 위해 축복해줬을 테고 이긴 사람도 진 사람에게 무언가 커다란 선물을 줬을 거야.

소년   그게 아닐 지도 모르지. 이기지 못한 사람에게 더욱 큰 상처와 모욕을 줬을지도 모르는 일이야.

소녀   넌 어쩌면 그렇게 모질게 말하니?

소년   우린 이미 달을 떠나왔어. 맘을 단단히 먹어야 한단 말이야. 앞으로 무슨 일이 있을지도 모르잖아?

소녀   꼭 무슨 일이 있었으면 하는 말투야.

소년   무슨 말이야?

소녀   넌 달에서 모든 의욕을 잃고 울고 말았지. 그런 너를 내가 위로해줬어. 네 힘으로 아무 것도 한 게 없는 주제에 그렇게도 강하게 보이고 싶니?

소년   그 때 일을 왜 지금 꺼내는 거야?

소녀   왜, 부끄러워?

소년   너, 정말!

소녀   넌 겁쟁이야. 소심하고 당장 앞만 바라보는 단세포지.

소년   너 말 다했어?

소녀   아니, 아직 다 못했어. 남을 배려할 줄은 전혀 모르는데다가 쓸데없는 고집은 황소처럼 세! 아까부터 내가 힘들다고 말했잖아. 좀 쉬어갔으면 좋겠다고 말이야.

소년   지금은 쉴 때가 아니니까! 그래서 내가 별 이야기를 해줬잖아.

소녀   웃기시네. 그딴 별 이야기 하나도 재미있지 않았어. 재미있는 척 하느라 얼마나 힘들었는 줄 알아?

소년   이런 빌어먹을!

소년과 소녀, 우주선을 내려놓고 싸운다. 한참 싸우는 도중 비상 등이 켜지고 비상벨이 울린다. 소리에 놀란 소년과 소녀, 싸움을 멈춘다.

소녀   (겁에 질려) 무슨 일이야?

소년   (아연실색) 큰 일 났어. 우주선의 연료가 바닥이 나 버렸어.

소녀   왜 그런 거야?

소년   나도 잘 모르겠어. 아까까지만 해도 연료가 가득 했었는 데…

소녀   어떡해! 나 무서워! (소년에게 안긴다.)

소년도 소녀를 꼭 안는다. 비상등과 비상벨이 멈춘다.

소년   멈췄어. 다시 연료가 채워지고 있어.

소녀   (울먹인다.) 미안해, 정말 미안해. 내가 쓸데없이 투정을 부려서 그래. 네가 없으면 난 아무것도 못하는데 바보같이 심통을 부려서 그래. (계속 운다.)

소년   아니야. 내가 멍청했어. 네 말대로 내 고집만 부렸나봐. 용서해줘.

둘은 서로를 바라보며 꼭 안는다.

소년   이제 곧 나타날 별이 명왕성이야. 태양계의 마지막 별이지.

우리 거기서 잠시 쉬어가자.

소녀   갈 길이 먼데 그래도 되겠어? 지금 쉬어갈 형편이 아니잖아.

소년   아니야, 쉬어가. 나도 좀 지쳤어. 명왕성엔 우주방위본부에서 설치한 우주 정거장이 있어. 거기서 뭐라도 좀 먹으면서 다시 기운을 차리자.

소녀   (웃으며) 좋아.

암전.

#2. 은하철도

조명 밝아지면 파란색 제복을 입은 뚱뚱한 남자가 서 있다.

차장   오늘도 손님이 하나도 없구만. 외로운 기차는 기적을 울리는데 승객은 하나도 오질 않네. (큰 소리로) 태양계발 안드로메다행 은하철도입니다. 타실 분 없으십니까? 없습니까? 역시 없군. 하지만 나 혼자서라도 힘차게 달려야지. 아, 옛날이 그립구나. 철이는 무얼 하고 있을까? 지금쯤 멋진 청년이 되었겠지? 그리고 메텔은 어디로 갔을까?

무대 옆에서 소년과 소녀 들어온다.

소녀   여기가 우주 정거장이니?

소년   그런가봐.

차장	(소년과 소녀에게 다가가서) 은하철도를 이용하실 승객이신가요?
소년	예?
차장	은하철도가 곧 출발합니다. 승차권을 보여주십시오.
소녀	우린 그냥 휴식을 취하러 왔는데요.
차장	별난 일이군. 은하계 끝에서 휴식을 취하는 사람이 다 있다니 말이야.
소년	여기가 우주 정거장 맞죠?
차장	그렇습니다. 그런데 어디로 가시길래?
소녀	저흰 안드로메다에 가요.
차장	네 그러시다면 편리한 저희 은하철도를 이용하심이 어떠하신지…
소년	안드로메다까지 은하철도가 가나요?
차장	예. 개통한지 얼마 되진 않았지만요.
소년	이럴 수가!
소녀	너무해!
차장	무슨 말씀이신지?
소녀	우린 안드로메다까지 날아서 갈 거란 말이에요.
차장	무슨 말도 안 되는 농담을… 안드로메다까지의 운행노선은 저희 은하철도에서 독점하고 있기 때문에 다른 수단을 통해서는 갈 수 없답니다.
소년	그런 게 어디 있어요?
소녀	어떡하지?
소년	난 그냥 날아갈 거야.

또 다른 승객이 등장한다. 애꾸눈에다가 밀짚모자를 쓰고 있고

검은 롱코트를 휘날리고 들어온다.

차장   웬일이지? 오늘은 신기하게 사람들이 많이 오네. (새로운 승객에게 다가가서) 은하철도를 이용하실 건가요?

승객   그래.

차장   승차표를 보여주십시오.

승객은 승차표를 차장에게 보여준다.

차장   10분 후에 열차가 출발합니다. 잠시만 기다려주시길 바랍니다.

승객   알았어.

차장, 퇴장한다. 무대 한쪽에 앉아 신문을 펼친다.

소녀   저 사람, 열차를 타려나 봐.

소년   그렇게 보이는군.

소녀   (승객에게) 어디까지 가세요?

소년   (소녀에게) 그렇게 불쑥 말을 거는 게 어디 있어? 실례라구.

승객   (신문을 내려놓고) 아니 괜찮아. 마침 적적하던 차에 얘기나 하자구. 자네들도 열차를 탈 사람들인가?

소녀   아뇨. 우린 그냥 휴식을 취하러 왔어요.

승객   별난 일이군.

소녀   어디까지 가세요?

승객   나 말인가? 안드로메다까지.

소녀   저희들도 안드로메다에 갈 거예요.

승객	뭐? 그런데 열차를 안탄단 말이야?
소녀	우리에겐 우주선이 있어요.
승객	하하하, 그런 걸로는 안드로메다에 도착할 수 없단다.
소년	무시하지 마. 그 우주선으로 지구에서 이곳까지 무사히 잘 날아왔단 말이야.
승객	대단한 걸? 하지만 안드로메다까지는 아주 멀어. 수많은 블랙홀을 넘어가야 하고 위험천만한 운석의 무리들을 피해가야 하지. 지구에서 여기까지의 거리는 안드로메다까지의 거리에 비교하면 티끌에 불과해. 수많은 모험가들이 안드로메다까지 가기 위한 안전한 길을 찾다가 죽음을 당했어. 너희들도 그 꼴이 되고 싶은 거냐?
소녀	안드로메다가 그렇게 멀어?
소년	응.
승객	힘들게 은하철도가 개통되었어. 너희들의 무모한 만용으로 목숨을 잃는다면 앞서 이 철도를 만든 사람들의 희생을 비웃는 거 밖에 안돼.
소년	하지만…
승객	그 우주선을 팔아서 생기는 돈으로 은하철도를 타는 게 좋아.
소녀	어떡하지? 우리 우주선으론 안드로메다까지 갈 수 없다고 하는데…
소년	거짓말이야. 충분히 갈 수 있어.
승객	한마디 더 충고 하지. 안드로메다까지는 우주 해적들이 즐비해. 아마 이 우주 정거장을 벗어나는 즉시 해적의 무리들이 너희들을 덮칠 거야.
소녀	정말요?

승객	그럼! 사실 나도 예전엔 우주 해적의 두목이었거든.
소년	(소녀에게) 이리 와. 위험해.
승객	하하하하! 벌벌 떨 거 없어. 다 지난 이야기지. 지금은 괜찮아.
소녀	그런데 아저씨는 왜 안드로메다에 가려고 하죠?
승객	안드로메다의 달 이야기를 알지?
소녀	네.
승객	난 그 달을 탐험하려고 가는 거야.
소녀	일곱 개의 달 중에 어떤 달을 보고 싶은 거예요?
승객	일곱 개의 달? 그런 것까지 알고 있다니. 대단하구나.
소년	우릴 무시하지 마.
승객	그렇지. 원래 안드로메다에는 일곱 개의 달이 있었지. 그런데 요즘은 한 개 밖에 없어. 가장 크고 빛나는 황금색 달만이 있을 뿐이지.
소년	뭐라구? 왜 그렇게 된 거야?
승객	사람들이 황금색 달 밖에 보질 않으니 그런 거야. 다른 여섯 개의 달은 사람들에게 잊혀져서 없어지거나 희미해져 버렸지.
소년	말도 안돼.
소녀	왜 사람들은 황금색 달만 바라본 거죠?
승객	황금색 달은 풍요롭게 해줬거든. 황금색 달의 주성분은 황금이야. 한번이라도 황금색 달을 탐험하게 되면 수많은 황금을 가지고 올 수 있게 되니까 사람들은 황금색 달만을 바라보게 된 거지.
소녀	그럼 아저씨도 그 황금색 달을 찾아가는 거겠군요.
승객	그래, 난 가난한 해적질엔 신물이 났어. 그래서 내가 소유

했던 해적선을 팔아 이 승차표를 마련했지. (승차표를 소년과 소녀에게 보여준다.) 어때 너희들도 같이 가지 않을래? 세 명 이라면 더 많은 황금을 가져올 수 있을 거야.

소년　싫어. 난 일곱 개의 달을 다 보고 말 거니까!

승객　역시 꿈 많은 소년이로군.

기차 기적 소리가 울린다. 차장 등장.

차장　(승객에게) 손님, 열차가 떠날 시간이 다 되었습니다.

승객　알았다구. 너희들 정말 열차를 안 탈거냐?

소년　타지 않아!

승객　할 수 없지. 그럼 안드로메다에서 또 보자구. 운이 좋으면 다시 만날 수 있겠지.

소녀　잘 가요. 아저씨.

승객, 차장이 등장한 쪽으로 퇴장.

차장　여러분은 타지 않으시겠다니 정말 애석하군요. 안드로메다 까지 가장 빠르고 안전한 열차인데 말입니다.

소년　시끄러.

차장　그럼 곧 열차가 출발합니다. 안녕히! (퇴장한다.)

기적소리 길게 울린다. 기차가 출발하는 소리.

소녀　기차가 날아가나 봐.

소년　그래.

소녀	그냥 타는 게 옳지 않았을까?
소년	그럴 리 없어. 스스로의 손으로 개척하지 않으면 그 어떤 의미도 없는 거야.
소녀	하지만 놀랐어. 안드로메다까지 기차편이 있다니…
소년	나도 놀랐어. 그 우주인은 이런 것까지 말해주진 않았잖아.
소녀	후회하니?
소년	아니… 난 알아. 내 꿈은 사라진 게 아니야. 안드로메다까지 꼭 도착해서 일곱 개의 달을 다 보고 말겠어.
소녀	솔직히 난 걱정이 돼. 우리 우주선이 안드로메다까지 무사히 갈 지 말이야. 그리고 그 곳에 일곱 개의 달이 다 있지도 않다는 말도… 실컷 고생하며 갔는데 아무 것도 얻지 못하면 정말 허무할 거야. 차라리 기차를 타고 가느니만 못할 거 같아.
소년	왜 그런 생각을 하는 거야?
소녀	불안해서 그래. 우리 둘 숨도 쉬지 않고 여기까지 달려온 것 같은 느낌이 들어서…
소년	피곤해서 그럴 거야. 눈을 좀 붙이는 게 좋겠어.
소녀	그래.

소년과 소녀, 자리에 앉는다. 서로 기대어 눈을 감는다. 조명의 변화. 약간의 시간이 흐른 뒤.

소녀	자?
소년	아니.
소녀	날 사랑하니?
소년	새삼스레 그건 왜 물어?

소녀	그냥 궁금해서…
소년	실 없기는…
소녀	말해봐. 날 사랑해?
소년	잠이나 자자. 내일 바로 떠나기 위해선 푹 쉬어두어야 해.
소녀	그래.

소녀는 생각에 잠긴다. 약간의 시간이 지난 뒤.

소녀 자니? (소년의 대답이 없자) 넌 왜 날 이곳으로 데려온 거니? 얼마 전부터 느낀 건데 넌 날 사랑하지 않는 것 같아. 네가 사랑하는 건 네 꿈이야. 나는 네 꿈이 흐려지거나 희미해질 때 위로해주는 사람이구… 새장에 들어온 것 같아. 너 없이는 난 여기서 난 조금도 살아갈 수 없을 거야. 똑같아. 아빠가 날 새장에 넣고 지키는 것과… 난 내가 할 수 있는 일을 하고 싶은데… 언제까지나 너에게 감싸져 있어. 그리고 너의 꿈을 위해서 노력해야해. 그건 너의 꿈인데… 내 꿈은 아닌데… 웬지 슬퍼져.

소녀, 소년에게 안긴다. 소년은 무의식적으로 소녀를 안는다. 암전.

#3. 악몽

괴기스러운 음악 들린다. 조명이 희미하게 밝아진다. 소녀, 악몽을 꾸는 듯 괴로워한다.

소녀	싫어! (깬다. 숨을 몰아쉰다. 옆에 누워있는 소년을 본다.) 무서운 꿈을 꿨어. 꿈 속에 매일매일이 똑같이 반복되는… (소년의 머리를 쓰다듬는다.) 하지만 너와 함께라면 매일매일이 색다르고 즐거울 테지?

무대 한쪽에서 소년이 등장한다. 커다란 새장을 들고 있다.

소년	일어났니? (새장을 소녀 앞으로 내밀며) 너에게 줄 선물이야. 맘에 들어?
소녀	(공포스럽다.) 뭐야? 너 왜 이래?
소년	왜 그래? 내가 널 위해서 밤새 만든 건데…
소녀	이걸로 뭘 하려고 그러는 거야?
소년	넌 이 속에 들어가야 해. 그래야지 내가 너에게 듬뿍 사랑을 줄 수 있지.
소녀	싫어.
소년	내가 매일 밥을 줄게. 넌 그 밥을 먹고 날 위해 노래하는 거야. 그래, 넌 나의 종달새가 되는 거야. 나만의 어여쁘고 소중한 종달새.
소녀	그런 건 싫어.
소년	날아가지 마. 날 버리지 마. 언제까지고 내 곁에 있어.
소녀	이러지 마.
소년	(새장을 들고 다가오며) 사랑해. (계속 반복한다.)

소녀, 소년이 다가오는 반대방향으로 몸을 기울인다.

소녀	싫단 말이야. 다가오지 마. 저리 가!

바닥에 누워 있던 사람이 소녀 몰래 일어난다. 소녀의 아빠다.

아빠   (소녀를 뒤에서 안으며) 애야, 드디어 찾았구나. 나의 소중한 딸… 나의 소중한 종달새…

아빠는 소년이 들고 있는 새장을 같이 들고 소녀에게 씌운다. 그리고 소년과 함께 새장 주위를 빙글빙글 천천히 돈다.

아빠   애야, 노래하렴.
소년   예쁜 목소리로.
아빠   영원히 내 곁에서…
소년   언제나 내 곁에서…

소녀, 새장 안에서 부르르 떤다. 스르르 무너진다. 음악과 함께 서서히 암전.

#4. 각자의 길

조명이 밝아지면 소녀 누워서 끙끙대고 있다. 밖에서 소년이 들어온다. 끙끙대는 소녀를 본다. 소녀를 흔들어 깨운다.

소녀   (벌떡 일어나며) 꺄악!
소년   왜 그래? 어디 아파?
소녀   저리 가!
소년   무슨 일이야? 악몽이라도 꾼 거야?

소녀	(숨을 헐떡인다. 소년을 노려보다가 점점 정신을 차린다.) 악몽을 꿨어.
소년	그랬구나. 출발할 시간이야. 너도 어서 준비하도록 해. (소녀가 덮었던 빨간 마후라를 개기 시작한다.)
소녀	(소년을 모습을 지켜보다가) 난 가지 않을래.
소년	뭐? 그게 무슨 소리야?
소녀	난 안드로메다에 가지 않을 거라고 했어.
소년	여기까지 와서 무슨 소리야.
소녀	어디까지나 너의 꿈일 뿐이야. 널 사랑한다고 해서 너의 꿈까지 쫓을 필요는 없어.
소년	응?
소녀	난 내가 가야할 길을 걸어야겠어. 맨 처음에 네가 했던 것과 마찬가지로…
소년	간밤에 무슨 일이 있었던 거야?
소녀	아무 일도 없었어. 다만 내가 누구인지 알게 되었을 뿐이야.
소년	기가 찰 노릇이네.
소녀	미안해.
소년	안드로메다까지 가는 게 그렇게 두려워?
소녀	두려워. 하지만 그것보다 더 두려운 게 있어.
소년	그게 뭐야?
소녀	나를 잃어가는 것. 네 꿈에 나를 잃어가는 것.
소년	그렇지 않아. 이건 우리의 꿈이라구. 서로 사랑하는 너와 나의 꿈이란 말이야.
소녀	아니, 너하고 나하고 사랑하는 것과는 별개로 나와 너의 꿈은 틀려.

소년	미치겠네. 그럼 너의 꿈은 뭐니?
소녀	아직은 없어.
소년	없어?
소녀	그래, 없어. 하지만 지금부터 천천히 생각해 볼 거야. 그리고 처음부터 다시 시작할 거야. 맨 처음부터…
소년	되돌릴 순 없는 거니?
소녀	그래.
소년	여기선 지구로 돌아갈 수도 없어.
소녀	나도 알아. 그러나 방법을 찾아낼 거야.
소년	(소녀를 노려보며) 좋아, 네 맘대로 해! 난 지금 당장 떠나겠어. 정말 실망이야. 언제까지나 내 곁에 함께하리라 생각했었는데…
소녀	그건 잘못된 거야. 잘못은 고쳐져야 한다고 생각해.
소년	잘 있어.
소녀	잘 가.

소년, 퇴장한다. 우주선 엔진 소리가 들린다.

소녀	돌아갈 거야. 내가 맨 처음 있었던 곳으로… 그리고 내가 누구인지 분명히 알고 새로 시작할 거야. 아직 늦지 않았어. 하지만… 하지만 슬퍼져. 떠나는 네가 하나도 원망스럽지는 않지만 너무나 슬퍼. (소년이 남기고 간 빨간 마후라를 손에 들고 흐느낀다.)

음악과 함께 암전.

5. 그녀, 홀로 걸어가다

#1. 돌아온 집

맨 처음 장면과 동일하다. 소녀, 조심해서 들어온다. 초췌한 모습이다. 배가 불룩하다. 임신을 한 것처럼 보인다.

소녀   (살핀다.) 아빠? 아빠 없어요?

새장을 발견하고 다가간다. 새장 안에는 해골이 놓여 있다.

소녀   이 안에서 날 기다린 거군요. 미안해요, 아빠. (해골을 꼭 끌어안는다.) 나 아기를 가졌어요. 아주 멋진 남자의 아기에요. 머리 속이 꿈으로 가득 찬 남자에요. 우리 아기도 그를 닮았다면 아주 똑똑하고 호기심 많은 아이겠죠? 여기서 내가 무엇을 할 수 있을까요? 시간을 두고 천천히 생각해 봐야겠어요. 허락해 주실 거죠?

#2. 재회

새장을 치우고 청소를 하기 시작한다. 청소가 끝날 무렵 굉음과 함께 충돌음이 들린다.

소녀   무슨 일일까?

무대 옆에서 소년이 들어온다. 얼굴은 온통 검정이 묻어있다. 소년임을 확인한 소녀, 몸이 굳어진다. 서로 말없이 시선만 응시하고 있다.

소년 나 안드로메다에서 돌아오는 길이야.

소녀 이렇게 빨리?

소년 할 얘기가 너무나 많아. 그 중에서도 제일 먼저 너에게 말하고 싶은 건 보고 싶었다는 말이야.

소녀 그… 그래. 그런데 어떻게 이렇게 빨리…

소년 안드로메다에 도착한 나는 일곱 개의 달을 다 탐험했어.

소녀 넌 해낼 줄 알았어.

소년 노란색 달에서 황금도 얻었고, 주황색 달에서 명예도 얻었고, 빨간색 달에서 지식도 얻었어. 초록색 달에서 예술을 이해했고 파란색 달에서 불멸의 영혼을 깨달았어. 남색 달에선 우주를 정복할 무기를 발견했지. 그리고 마지막 탐험인 보라색 달은 나에게 추억을 줬어.

소녀 추억?

소년 그래, 그래서 난 여덟 번째 달을 찾기로 한 거야.

소녀 여덟 번째 달?

소년 그래, 그 여덟 번째 달은 내 마음 속에 앙금처럼 남아 속삭이는 그리움이었지. 바로 너야. 난 지금 여기 널 찾아왔어.

소년과 소녀 서로를 응시하다가 격렬하게 포옹한다.

소년 사랑해. 널 영원히 떠나지 않을 거야.

소녀 사랑해. 우리 이제 헤어지지 말아.

소년	그런데 배는 왜 이렇게 불룩해?
소녀	아기를 가진 거야.
소년	아기?
소녀	그래, 우리 아기. 왜?
소년	이름을 생각하고 있었어. 그래, 남자면 우당탕으로 하고 여자면 휘리릭으로 하자.
소녀	피… 유치해.
소년	뭐?

서로 바라보다가 크게 웃기 시작한다. 서서히 암전.

— 막

■ 당선 소감

겨울은 나에게 동면과 책읽기의 계절이다. 군대시절 이후로 나는 겨울을 정말 싫어하게 되었고 그래서 집 밖의 출입을 거의 삼가며 틀어박혀 있는 편이다.

이번 겨울도 역시 그러했다. 집에 틀어박혀 혼자만의 시간을 보내는데 여름에 문득 아이디어가 떠올라 메모한 것을 이불 속에서 뒹굴거리며 이리저리 대사를 붙여보았다. 새로운 아이디어와 현실적인 판단 사이에서 많이 헤매다가 무작정 토해내어 마무리를 시켰다.

여름 이후 내 머리 속에서 떠나지 않는 상념은 관객이다. 처음 연극을 대하면서도 마냥 즐거워할 수 있는 방법을 궁리 중인데 결국 그 상념은 내 안에 들어있는 불꽃같은 용광로에게 항상 제압당하고 만다. 그래서 그 간의 습작들은 나의 타성에 젖어들었고 모던을 가장한 관념에 휩싸여 쓰레기통으로 향했다.

이번 희곡을 써 나가면서 내가 휩싸인 욕구는 당장이라도 배우들을 모아 공연 준비를 하고 싶다는 거였다. 머리 속에 있는 나만의 이미지만으로는 한계가 있었기에 실제 배우들이 쏟아내는 느낌들을 담고 싶었던 것이다.

이제 시작인데 너무 큰 상이 주어져서 어안이 벙벙하다. 내게 힘이 되어주는 모든 분들에게 감사드리고 더욱 정진할 것을 다짐한다.

근래 신춘문예 응모작들의 경향은 소품성 단막극류의 범주에 머물지 않고, 다양한 성향으로 확대되고 있음을 본다. 그리고 무엇보다 공연성이 강화되면서 당선작 한 편이 그대로 기성극계의 레퍼토리로 자리 잡을 수 있을 정도로 성숙된 모습을 보여주고 있다. 올해 신춘문예 응모작 중에서 최종심에 남은 작품은 〈굿〉(조정아)과 〈가출소녀 우주여행기〉(김지용) 2편이었다.

〈굿〉은 허빙각이란 여성 실학자와 정조의 삶을 교차시키면서 진행한 역사극인데 극적 언어를 끌고 가는 솜씨가 듬직했다. 무엇보다 개혁자의 삶을 다루면서 동시대적 되울림을 줄 수 있는 희곡 언어로 쓰였다는 것이 신뢰감을 주었다. 그러나 구성이 산만하고 거칠어서 연출가와 무대예술가의 손을 거치면서 차분하게 정리될 필요성이 있는 작품이었다. 특히 허빙각과 정조의 관계가 극적 만남과 충돌로 이루어지지 않고 있다는 것이 치명적인 결함으로 지적되었다. 극은 나열과 제시이기 이전에 만남과 충돌이란 점을 알아야 했다.

〈가출소녀 우주여행기〉는 극적 구성이 매끄럽고 언어 또한 공연문법을 알고 쓴 작품이었다. 이 대본 그대로 공연을 해도 전혀 무리가 없을 정도로 완성도가 뛰어난 편이지만, 아동극이나 청소년극으로 보기에는 부적절하고, 그렇다고 현실에 대한 우화극으로 보기에는 사회적 상징성이 미약했다. 그러나 한 편의 성장 드라마로서는 흥미롭고 잘 짜인 극구성이었다. 이 작품 또한 연출가와 배우의 표현양식에 대한 분명한 설계가 전제되지 않으면 가벼운 청소년극으로 떨어지거나 그로테스크한 만화경적 상상력의 함정에 빠질 우려가 있는 작품이었다.

2편 모두 공연성이 있는 희곡이었고 단독 공연으로 가능성이 있는 작품이지만, 대본 자체의 완성도 측면에서 〈가출소녀 우주여행기〉를 당선작으로 천한다.

[심사위원=이윤택]

서울신문 희곡 부문 당선작

블랙홀

■

김 미 정

1971년 대전 출생
1994년 충남대학교 간호학과 졸업
2004년 대전대 문예창작대학원 수료
2004~ 대전여민회 문화위원장(연극모임 '돼지꿈' 연출 및 극작 활동)

등장인물

광식
정애
남자
가인
등을 들고 있는 아이
인철
그 밖의 배우들

각 에피소드들의 시간적 배경은 같다.

에피소드 1

전체 무대는 1, 2층의 구조로 되어 있다. 2층은 오랜 병원생활을
했음을 짐작하게 해 주는 병실의 내부가 있다. 병실에는 환자용
침대와 보호자용 침대가 있고 침대를 마주보며 유리창이 있다.
유리창 밖으로는 도시의 풍경이 보인다. 양끝으로는 줄을 연결
해서 빨래를 걸어 놓았다. 한쪽에는 1층으로 내려오는 계단이
있고 그것은 병원 비상계단의 모습이다. 침대 옆에는 인공호흡
기와 심장모니터기가 놓여져 있다. 1층은 어느 산동네를 연상케
하는 배경들이 있고 계단의 정 반대 쪽에는 지하철 입구의 표시
가 그려져 있다. 계단의 앞쪽으로는 벤치가 있고 그 벤치 옆에
는 어느 노숙자가 놓고 간 듯 한 신문지들과 소주병들이 나뒹군
다. 멀리서 들리는 소리, 얼핏 들으면 기차소리와도 같은 규칙적
인 소리. 2층의 무대가 조금 밝아지면서 기차소리는 심장 모니
터기의 소리로 바뀐다. 2층의 무대가 완전히 밝아지면 모니터의
소리는 잦아들고 보호자용 침대에 앉아서 멍하니 창밖을 바라보

는 광식의 모습이 보인다. 유리창 밖에는 어깨에 끈을 매달은 남자가 유리창을 닦는다. 유리창을 닦다가 소주를 꺼내어 마신다. 광식의 앞에는 먹던 중이었던 김치그릇과 밑반찬 그릇들 그리고 밥그릇이 있다. 나머지 두 침대는 비어있다.

광식   (입맛을 다시며) 거 참 맛있겠네. 저 양반 저거 세상을 아는 양반이야. 이럴 줄 알았으면 소주 한 병 사오는 건데. (혼잣말로) 거 혼자만 잡수지 말고 나눠 먹읍시다. (먹던 밥을 계속 먹는다.)

남자가 유리창을 두드리더니 소주병을 내민다.

광식   한 잔 주시게요? 아이고 그럼 나야 고맙지요.

유리창 남자가 소주를 따르는 시늉을 한다. 광식이 술잔을 받는 시늉을 한다.

광식   (마시는 시늉) 캬! 안주는? 안주도 줘야지.

남자가 씩 웃는다.

광식   사람 참 싱겁소.

남자도 하! 웃는 모양. 그리고는 유리창을 닦는다.

광식   하, 취한다. (침대의 이불을 젖히니 아이가 반듯이 누워 있다. 광식이 아이의 몸을 옆으로 돌려서 등을 문지른다.) 우리 딸입니다. 예쁘죠? 메리 크리스마스! 오늘이 예수님 귀 빠진 날이래요. 뭐 얼마나 대단한 양반인지는 몰라도 병원 전체가 들썩들썩 합니다. 우리 병실 환자들은 모두 외출을 나갑디다. 세상을 구원하신 독생자 그리스님인지 놈인지 덕분에 오랜만에 조용하고 좋수. (등을 문지르다가 손을 동그랗게 하고 두드린다.) 하나요, 할머니가 지팡이 들고서 달달달, 둘이요, 두부장수 두부를 판다고 달달달, 셋이요, 새 각시가 빨래를 한다고 달달달.

광식이 부르는 노래의 반주와 함께 빨간 등을 든 여자아이가 등장해서 1층의 무대를 돌아다닌다. 아이가 작은 소리로 노래를 부른다. 남자가 내려다보고 있다.

아이   (가만히 서서) 아빠! 일곱은 뭐라고 그랬죠?

남자가 뭔가를 이야기 하는 듯하지만 들리지 않는다. 유리창을 두드린다. 광식이 쳐다본다. 남자가 손가락 일곱 개를 유리창에다 댄다.

광식   일곱이요. 일본 놈이 순찰을 돈다고 달달달!
아이   아! (아이가 다시 노래를 부르면서 무대를 돌아다니다가 퇴장한다.)
광식   (아이의 등에 베게를 대주고 이불을 덮어주면서 남자를 빤히 쳐다본다.) 우리가 언제 한 번 본 적이 있죠? (유리창에 입김을 불어서 글씨를 쓴다. '나 몰라요?' 큰 소리로 입 모양이 보이게) 초등학교 어디? 난 초등학교 다닐 때까지는 공주에서 살다가 중학교 올라가면서 서울로 이사 왔는데……. 고향이 공주? 아닌가? 아무튼 형씨 인상 한 번 좋수다. 어쩌다 이런 일……. 뭐 오해는 마슈. 위험하니까. 이런 일 하게 됐는지는 모르지만 앞으로 잘 될 거요. 인상 보면 알지. (아이를 쳐다보며) 우리 애는 십 년째 이러고 누워 있어요. 교통사고를 크게 당했거든. (사이) 원무과에서는 석 달에 한 번씩 청구서가 나옵니다. 일년 만에 집 날리고 벌써 팔 년 쨌는데 뭐가 남았겠습니까? 지금은 월세 낼 돈도 없어서 병원에서 살아요. 뭐 그런 얘기를 밥 먹으면서 하냐고 그러겠지만 어쩌겠습니까. 이게 현실인걸. 맨 날 울고 짠다고 해결 될 일이 아니니까. 그냥 하루하루 간신히 넘기는 거죠. 하루의 끝은 웃으면서 보내려고 해요. 그게 살아남는 방법이죠. (한숨을 쉬며) 그래도 하루에도 몇 번씩 울화가 치밀어요. (조금 작은 소리로) 이건 형씨한테만 하는 말인데요. 처음에는 살아 준 것만으로도 고맙더니 딱 일년이 지나니까 어느 날 갑자기 이런 생각이 들더라고요. 길어야 삼년이겠지. 웃기죠? 딱 일년 만에 그런 생각이 들어요. 내가 그런 생각을 했다는 걸 우리 마누라가 알면 난리 날 겁니다. 긴병에 효자 없죠? 맞습니다. 부모라면 벌써 포기 했을 겁니다. 자식이니까 붙들고 있는 겁니다. (큰소리로) 진짜 나 몰라요? (한참의 사이 후 고개를 숙인다. 어깨를 들썩인다. 다시 한참의 사이를 두고 고개를 든다.) 제길, 소주 한잔에 취했네. 다. 잘 될 거요. (사이) 그거 하면 하루 얼마나 줍니까?

남자가 유리창에다 손가락을 대고는 여섯, 다섯, 넷, 셋, 둘, 하나를 세더니 칼을 꺼내어서 줄을 끊는다. 순식간에 남자가 사라진다.

광식 어? (광식은 잠시 아무 움직임이 없다가 주머니에서 전화를 찾는다.) 씨! 지가 왜 죽어. 죽을 놈이 누군데. (한참 만에 전화를 찾는다. 떨리는 목소리로) 저 여기 13층인데요. (사이) 네? 병원 (사이) 한영병원이요. 사람이 떨어졌어요. (사이) 아니 안이 아니고 밖인데요. 그러니까 그 사람이 누구냐면…… 유리창을 닦는 사람인데…….인상이 좋고……. 어디서 많이 본 것도 같고……. 저 위 동네에 사는…….헉! (갑자기 입을 막는다. 전화를 놓친다.)

광식이 정신없이 병실을 빠져나가 비상계단으로 내려간다. 머리를 벽에다 반복해서 박는다. 무언가 모를 괴로움에 몸부림을 친다. 그러다가 미친 듯이 웃는다. 한참 만에 다시 병실로 돌아온다. 아이를 바라보고 유리창밖을 바라본다. 두 손바닥을 유리창에다 댄다. 이제부터는 모든 행동이 순식간에 이루어진다. 아이의 호흡기 전원을 끈다. 호흡기 소리가 점점 잦아들다가 멈춘다. 침대 위 아이의 몸이 위로 한 번 뛰었다가 털썩 내려앉는다. 심장모니터의 박동소리가 완전히 멈춘다. 광식의 몸이 털썩 밑으로 내려간다. 무대가 서서히 어두워진다. 광식의 손바닥 자국이 드러난다.

소리 2005년 12월 25일 서울의 모 병원에서는 인공호흡기를 달고 생명을 유지하던 15세 김 모 양의 아버지가 아이의 인공호흡기를 떼어내는 사건이 발생 하였습니다. 김 모 씨는 병원 소각장에서 아이의 신발을 태우다가 붙들렸습니다. 김 모 양은 지난 1998년 교통사고를 당해 그 이후로 계속 인공호흡기에 의존해서 살아왔던 걸로 밝혀졌습니다. 생활고를 견디다 못해 아이의 목숨마저 끊어버리게 된 김 모 씨는 현재 아무런 말도 하지 않고 있습니다. 김씨의 다른 가족으로는 아이의 어머니 최 모 씨와 8세의 아들이 있는 걸로 알려졌습니다. 김씨는 아내 최 모 씨에 의해 경찰에 신고 되었다고 합니다. 같은 날 김 모 양의 병실 밖에서는 병원의 유리창을 닦는 강 모 씨의 추락사가 있었습니다. 강 모 씨의 주머니에는 마시다 만 소주병이 있었고 리프트의 한 쪽에는 분골함으로 보이는 상자에 하얀 재가 반쯤 들어 있었습니다. 화이트 크리스마스를 맞아 한층 들뜬 분위기의 한 쪽에는 이런 어두운…….

암전.

에피소드 2

빗소리와 함께 무대가 밝아진다. 2층 무대의 소품들은 여전하다. 정애가 지하철 입구를 통해 밀고 다니는 커다란 여행용 가방을 들고 등장하고는 하늘을 한번 올려다보더니 그냥 그 자리에 선다. 주머니에서 수건을 꺼내어서 닦는다. 남자가 벤치에 앉아 있다가 정애가 있는 곳으로 온다.

정애　　(남자를 힐끗 보더니) 크리스마스에 눈이 안 오고 비가 오네요.

남자가 쭈그리고 앉는다. 정애도 쭈그리고 앉는다.

정애　　(남자를 바라보며) 묘한 기분이 들어요.

남자　　　……．

정애　　　(천천히 고개를 돌리며) 나 좀 봐 주책이야.

남자가 담배를 핀다.

정애　　　(가방에서 칫솔을 꺼낸다. 혼잣말로 연습한다.) 여러분 안녕하십니까. 가정에서나 직장에서나 학교에서나 공부하시느라 살림하시느라 일하시느라 얼마나 스트레스가 많으십니까. 오늘 제가 가지고 나온 물건은 여러분의 스트레스를 조금이라도 해소시킬 수 있는 건강 칫솔입니다. 이 건강 칫솔은 아이에스오 9002 인준을 받은 칫솔모를 사용한 칫솔로써 여러분의 이와 잇몸의 구석구석까지 들어가서 찌꺼기와 치석을 제거해 줄 것입니다. 몇 달이 지나도 칫솔모가 상하지 않아 칫솔을 자주 바꾸실 필요가 없습니다. (남자를 쳐다보며) 한영병원 1002호에 입원해 있는 가인이를 아시죠? 제 딸이에요.

남자　　　(그제 서야 고개를 돌려서 정애를 본다.)

정애　　　그동안 잘 지냈어요?

남자　　　……．

정애　　　당신, 많이 늙었네요.

남자　　　……．

정애　　　먹고 살만 하시면 칫솔 두 개만 사주 세요. 5천원이에요. 이 칫솔은 아이에스오 9002를 인정받았어요. 그게 뭔지 아시죠?

남자가 주머니에서 5천원을 꺼내서 정애에게 준다. 정애가 남자에게 칫솔을 준다.

정애   우리 가인이는 저 혼자 이빨도 못 닦아요. 그래서 칫솔도 필요 없죠.

남자가 자리에서 일어나서 무대 가운데로 간다. 뒤돌아서 정애를 바라본다.

남자   봉천동 산27번지에 사는 소영이는 어제 바다에 뿌려졌습니다. 며칠 전에 돌에 깔려서 죽었거든요. 그 아이도 이제 칫솔은 필요 없을 겁니다.

정애가 자리에서 일어난다.

남자   가인이는 오래 오래 살길 바랍니다.

정애가 남자에게 달려들어 옷을 잡고 흔든다. 남자와 정애의 몸싸움. 슬프고도 정열적인 음악이 흐른다. 얼핏 보면 두 사람이 춤을 추는 것 같다. 2층 병실로 검은 옷을 입은 조폭이 등장한다. 쇠방망이를 들었다.

조폭   으메 씨벌, 병실 한 번 좋구마잉, 으메 씨벌, 돈 빌려준 놈은 지 엄니 병원비도 없어서 집구석에서 다 돌아가시게 생겼는디 돈 빌려간 놈은 지 자식을 번듯하니 이런 큰 병원에다 모셔두고 있어 잉? 니들이 사람이여? 개, 돼지만도 못한 것들 아녀 이것! 씨발! (방망이를 한 번 내리친다.)

정애   병원비가 없어서 사채를 썼어. 갚은 이자만으로도 원금을 까고도 남는데 이 새끼들이 이자가 한달만 밀려도 병실로 찾아오네.

아이의 아빠가 작업복을 입고 1층으로 등장한다. 같은 복장의 배우들이 방망이를 들었다.

광식 이 집은 재개발 지역 내에 있습니다. 나 난 이, 이렇게 까지 하긴 싫어요. 어서 어서들 나가세요. 안, 안 그러면 가만 두지 않겠어. 어, 어서 나가! 셋을 셀 거야. 하나! 둘! 씨발 나가요! 셋! (방망이를 치켜든다.)

배우들이 같이 치켜든다.

남자 봉천동 산 27번지 재개발 지역. 거기서 살고 있는 사람들.
조폭 울 엄니도 몇 년째 똥오줌 받아내고 있다니까. 니 자식만 자식이고 울 엄니는 늙었응께 고만 돌아가시라 이거여 뭐여! 잔말 말고 돈 내놔! 안 그러면 자식이고 뭐고 없응께.

인철이가 삐에로 분장을 하고 등장한다. 남자와 정애는 본격적으로 춤을 춘다.

광식 인철아! 이 자식 여기 있었구나. 나 좀 살려주라! 이게 사람이 할 짓이 아니야. 난 못 하겠다. 내가 그 돈은 꼭 갚을게. 인철아. 나 좀 봐 주라. 내가 이 손으로 우리 엄니 같은 노인네 허리를 치고 머리채를 잡고 집에다 불을 지르고 그랬다. 야! 인철아! 나 좀!
인철 아직 먹고 살만 한가보구나, 니가. 알아서 해.

광식	야, 우리가 불알친구 아니냐. 이 자식아.
인철	어렵게 생각하지 마. 그냥 쉽게 생각해. 자식을 생각하라고.
광식	인철아. 나 이제 이 짓 못하겠다. 나 좀 봐 주라.
인철	야 이 자식아. 일할 사람은 많아. 너 당장 돈 갚을 수 있어?
광식	내가 벌어서 갚을게.
인철	오다가 떨어져서 말이야. 니가 이 일을 하지 않으면 나도 곤란해져. 이 쪽 사람들이 얼마나 무서운지는 알지?
광식	그래도 난, 난 못해.
인철	이 자식아. 그럼 돈을 가져와.
광식	으으으으으!
인철	쉽게 생각해.

아이의 호흡기 소리가 거칠어진다. 음악이 고조되면서 2층 병실의 조폭과 1층의 광식과 다른 배우들이 방망이를 휘두르고 정애와 남자가 무대를 빙글빙글 돈다. 배우들의 모습은 마치 무협영화의 한 장면 같다.

정애	있는데 안주는 것 아닌데.
조폭	그려? 갚을 능력이 없으면 몸으로라도 때워야지. 아줌니 아직 탱탱하구마 잉.
남자	일곱 살 난 딸이 집 마당으로 뛰어들다가 돌에 깔려 죽었네.
정애	그럴께요, 그럴께요, 제가 가서 일해 드릴게요. 빚만큼 일해 드릴게요. 제발 가주세요.
조폭	오메, 이렇게 쉬운 길이 있었는데 괜히 힘 써 부렀네.

현란한 조명이 무대 전체를 채우고 이어서 공사장의 먼지 같은 희뿌연 연기가 무대를 가득 메운다. 무대에 탬버린 소리가 울린다. 연기가 걷힌다. 화려한 옷을 입은 정애가 탬버린을 치고 있다. 정애는 노래를 부른다. 2층의 유리창 밖으로 어깨에 끈을 매단 남자가 유골함에서 하얀 재를 허공에 뿌린다. 조명이 서서히 암전된다.

에피소드 3

웨딩마치 흐르면서 무대가 밝아지면 2층의 무대에는 하얀 천이 내려져 있다. 무대의 곳곳에는 두 사람이 올라갈 수 있는 단들이 있고 단위에 사람들이 둘씩 앉아 있다. 그들은 모두 광식과 정애다.

첫 번째 단

광식 오늘은 입질이 영 시원찮네.
정애 아이 재미없어.
광식 그러게 왜 따라왔어.
정애 집에 있어도 재미없어.
광식 그러셔? 가인이는?
정애 아까부터 곯아 떨어졌어. 텐트 치고 잔다고 좋아하더니. 당신은 낚시가 그렇게 좋아?
광식 그러엄.
정애 우리보다도?
광식 그러엄.

정애	치, 그럼 왜 결혼했냐? 평생 혼자 낚시나 하고 살지.
광식	니가 결혼해 달라고 하도 쫓아 다녀서 할 수 없이 했다.
정애	뭐야? 내가 언제?
광식	물고기 머리냐?
정애	하이구 그러서? 그래서, 그래서 후회해?
광식	글쎄에.
정애	이이가 정말. (광식을 꼬집는다.)
광식	아야! 조용해. 물고기들 다 도망간다.
정애	똑바로 말하란 말야. (또 꼬집는다.)
광식	아야. 왜 이래 마누라. 똑바로 말하면 잡아먹으려고?
정애	뭐야?
광식	하하하.

두 번째 단

정애	방송국에서 우리 가인이를 찍어간대.
광식	그래? 방송국에서 어떻게 알고?
정애	간호사들이 편지를 써 줬대.
광식	정말?

세 번 째 단의 배우들이 플레쉬를 터트린다.

정애	아이가 살아 있다는 것만으로도 고마워요.
광식	가끔씩 눈을 맞추고 울기도 합니다.
정애	가인아. 어서 일어나서 엄마랑 밖에 나가 놀아야지.

광식	(얼굴을 찌그러트리고 입을 크게 벌려서 운다.)
정애	그럴 땐 우리말을 알아듣는 것 같아요. 그럼 가인이가 곧 일어날 것 같아요.
광식	(정애의 등을 두드린다.) 두 시간에 한 번 씩 체위를 바꿔주고 등을 이렇게 두드려 줘야 합니다.
정애	가래도 뽑아줘야 하고요. 낮에는 어머니가 와 계시고 밤에는 우리가 교대로 하죠. 낮에는 돈을 벌어야 하니까요.

정애와 광식의 역할을 바꾸어 정애가 광식의 등을 두드린다.

광식	가장 필요한 거는 역시…….
정애	(얼른) 아이의 병원비를 석 달에 한 번씩 계산해야 해요.

세 번째 단의 배우들이 다시 플레쉬를 터트린다.

세 번째 단

정애	밑 빠진 독에 물붓기지. 벌써 통장이 바닥났어.
광식	인수가 걱정이야.
정애	왜?
광식	장모님이 병원으로 데리고 왔어.
정애	그래서?
광식	데리고 가서 자장면을 사줬는데, 아이가 이상했어.
정애	이상해?
광식	자장면을 먹다가도 눈을 깜빡 하고 얘기도 잘 하지 않고 그

저 눈만 깜빡거렸어.

정애   하도 오랜만에 보니까 낯설어서 그랬겠지.

광식   그게 아니야.

정애   그럼, 아이한테 무슨 문제라도 생긴 거야?

광식   장모님이 그러는데 신경증 증세가 있데.

정애   뭐?

광식   우리가 잘 돌봐주지 못해서 그래. 태어나고 얼마 있지 않아 가인이가 그렇게 되고……. 아무리 장모님이 신경 써 줘도.

정애   그래서 엄마가 잘 못 돌봐서 그런단 거야?

광식   이 사람이! 누가 그렇데?

정애   그럼 뭐야, 그럼 뭐냐고.

광식   으이구, 왜 억질 부려. 내가 뭐라고 했다고.

정애   몰라. 정말 미치겠다.

다른 배우들이 세 번째 단을 쳐다본다.

네 번째 단

광식   당신 저녁마다 어디를 나가는 거야.

정애   내가 말했잖아. 친구 식당일 도와준다고.

광식   당신 정말!

정애   어서 밥이나 먹어.

광식   …….

정애   유리창 닦는 아저씨가 죽었어.

광식   뭐?

정애	집이 재개발 돼서 다 부셔지고 식구들이 다 뿔뿔이 흩어지고 그랬데.
광식	그래서, 죽었어?
정애	줄을 끊었어.
광식	다, 당신이 봤어?
정애	아니, 들었어. 깡패들이 와서 집을 다 부셨대. 참 기분이 묘해. 그 아저씬 우리 가인이가 바깥세상을 잘 볼 수 있게 유리창을 깨끗하게 잘 닦아줬는데.
광식	…….
정애	불쌍하다. 그치? 그런 거 보면 우리만 힘든 것도 아냐. 가인이는 이렇게 살아 있잖아. 개똥밭에 굴러도 이승이 낫다는 말도…….
광식	말도 안돼는 소리 하지 마. 그게 어울리는 말이니?
정애	왜 이래? 오늘? 짜증이 컨셉이야?
광식	힘들겠다. 자기는.
정애	새삼스럽게 왜 이래.
광식	밤마다 춤추고 노래하는 게 얼마나 힘들겠어?
정애	뭐?
광식	…….
정애	어, 어떻게 알았어?
광식	더럽다.
정애	누가?
광식	내가.
정애	이게 다 누구 때문인데. 당신이 사채만 안 썼어도.
광식	당신이 다른 남자들 앞에서 웃고 있을 생각하면 피가 거꾸로 쏠려.

정애	그럼 가서 일억만 벌어와.
광식	제길!
정애	당신이 신체 포기각서도 썼다며. 콩팥하나 떼어 줬는데 이번에는 뭘 줄려고? 눈? 간? 심장? 그럼 우리 가인이는? 당신이 죽으면 가인이도 죽어.
광식	개새끼들한테 돈을 빌리는 게 아니었어. 가만 두지 않을 거야.
정애	허풍 떨지 마.
광식	뭐?
정애	어렵지 않아. 그냥 노래만 불러.
광식	거기가 그런 데냐? 노래만 부르는 데냐고.
정애	정 못 믿겠으면 따라와서 보면 되잖아.
광식	꿈에도 생각 못했어. 당신이…….
정애	아까 어머니가 호박죽 끓여 오셨던 데 먹을래?
광식	…….
정애	총각김치도 있어.
광식	개새끼.
정애	애 듣는 데서 왜 자꾸 욕을 하고 그래.
광식	듣긴 누가 듣는다고 그래. 병신이!
정애	(광식의 뺨을 친다.)
광식	인생이 억울하다.
정애	…….
광식	…….
정애	가인이가 다 들어.

세 단의 배우들이 일어나 계단으로 올라가서 하얀 천을 내린다.

침대위의 아이가 호흡기를 단채 침대에 앉아있다. 빨래가 매달려 있는 줄 사이에는 등이 여러 개 걸려 있다. 등이 하나둘씩 켜지면서 정애의 얼굴이 몽환적이 된다. 무대에는 등의 불빛만이 있다.

정애   이상하지. 유리창 아저씨가 우리 병실 앞에서 하얀 재를 뿌리는 꿈을 꿨어. 그게 우리 가인이가 죽어서 태운 재 같아서 가슴이 저려 죽는 줄 알았어. 그런데 가만히 보니까 당신 얼굴이랑 똑같이 생긴 거야.

광식   그 사람. 자기 아이가, 무너지는 집에 깔려서 죽었어.

정애   어떻게 알아?

광식   나도 꿈을 꿨어. 둘이서 장난삼아 주거니 받거니 소주 한 잔 하는 데 그 사람 얼굴이 어디서 많이 본 얼굴인거야. 초등학교 동창인가 중학교 동창인가 물어보려는 참에 줄을 끊더라. 그리고 나니까 생각이 나는 거야. 죽은 그 아이를 많이 닮았더라. 내가 그 사람을 닮고 죽은 아이가 가인이를 닮고 …….

정애   꿈을 꾸는 것 같다가 일어나보면 꿈이랑 별 차이가 없는 현실이 돌아와.

광식   내가 거기 있었어. 아이가 죽을 때 내가 거기 있었어. 죄책감 때문에 미칠 것 같다.

배우들이 등 앞에 서있다. 하나의 등에 하나의 광식과 정애. 두 사람이 조금 더 몽환적인 상태가 된다.

정애   지금도 꿈을 꾸는 것 같아.

광식	꿈에서 보면 우리의 머리맡에 등이 하나씩 걸려 있어.
정애	예쁘다.
광식	등이 하나씩 꺼져.
정애	슬프다.

배우들이 등을 차례로 끈다.

광식	가인이 머리위의 등은 아직 켜져 있어.
정애	다행이다.
광식	(두 팔을 천천히 들어올린다.) 나는 꺼진 내 등을 부여잡고 울어. 당신 등을 부여잡고 울어. (울음을 터트린다.)
정애	부모란 게 그런 거야. 자식이란 게 그런 거야.
광식	저기 아직 꺼지지 않았지만 많이 희미해진 등들이 있네.
정애	그건 누구의 등일까?
광식	인수.
정애	저게 우리 인수 등이야? 어머, 정말 빨갛고 작은 등이네.
광식	그 아이, 그 아이 아빠.
정애	어쩜, 저렇게 예쁜 등을 가진 아이었어.
광식	(손을 원을 그리며 돌린다.) 나는 가인이의 등을 꺼.
정애	어? 그럼 안돼.
광식	천천히, 조금씩 심지를 줄여. 미안해. 정말 미안해.

배우가 가인이의 등을 끈다. 앉아있던 아이의 눈이 무섭게 커진다. 호흡을 거칠게 쉰다. 그러다 점점 잦아든다. 앉은 채로 숨을 멈춘다. 정애가 광식의 목을 조른다.

남아있는 등들이 무대를 비춘다. 숨을 멈춘 가인의 눈이 등불처럼 떠져있다.

암전.

에피소드 4

1층 무대의 한곳에 햇빛처럼 조명이 드리우고 광식이 벤치에 쭈 그리고 앉아있다. 광식의 그림자가 무대 전체에 비추어지면서 광식의 외로움이 극대화된다. 정애가 계단을 통해 내려와서 무 대 가운데로 천천히 걸어간다. 소복을 입고 있다. 광식의 그림자 에 정애의 모습이 겹친다.

정애   (허공에 손을 대본다.) 크리스마스에 눈이 오면 뭐라고 그러 지?

광식   메리 크리스마스.

정애   치, 화이트 크리스마스 아냐?

광식   알면서 왜 물어봐?

정애   어서 일어나서 이리로 와. 집에 가야지.

광식   왜 이래? 당신이 이쪽으로 와야 해. 병원으로 가는 길은 이 쪽이야.

정애가 광식의 쪽으로 걸어오다가 멈춘다. 정애가 당황해하며 멈춰 서서 양쪽을 바라본다.

정애   어디로 가지? 가인이가 죽었는데.

광식   (놀라며) 무슨 소리야? 가인이가 죽어?

정애	균에 감염이 되서 열이 40도까지 올라갔어. 누가 때리지 않 았어도 온몸에 멍이 들고 입과 항문으로 피가 줄줄 나왔어. 당신이 없는 동안에 가인이가 죽었어. 지금 가면 볼 수 있어.
광식	(가슴을 쥐어짜며) 아!
정애	죽는 건 너무 순간이라 처음엔 나도 믿을 수가 없었어. 집 으로 데려와서 씻기고 옷을 입히고 당신을 기다렸어. 오늘 쯤 당신이 병원으로 올까봐 이리로 왔어.
광식	우리한테 집이 있었나?
정애	가인이를 보내려고 집을 구했어. 며칠동안만이라도 있을 수 있었어. 오늘 나가야 해. 주인이 죽은 아이를 데리고 들어 오는 걸 보고는 당장 나가라고 그러는 데 며칠만 봐달라고 빌었어.
광식	난 꿈을 꾸는 것 같아.
정애	다른 병실 아이도 죽었어. 아이 아빠가 호흡기를 껐어. 뉴 스에도 나왔어. 그 아이 아버지는 잡혀 갔어. 나도 꿈을 꾸 는 것 같아. 아니 잘 모르겠어. 지난 8년이 꿈인지, 아니면 지금이 꿈인지.

광식이 운다. 그림자가 흐느낀다. 정애의 몸에 겹쳐져서 두 사람 의 흐느낌이 된다.

광식	장례비는?
정애	아이 옷하고, 염할 것 하고, 화장터 가서 화장할 것 하고 집세 내고 그리고…….

시간이 흐른다. 무대 위를 비추는 조명이 시간이 흘러감을 알게

해준다. 그림자가 점점 작아진다.

광식 하나요, 할머니가 지팡이 들고서 달달달……

정애 차내에 계시는 승객 여러분, 여기를 잠시 봐 주십시오. 우
      리가 흔히 쓰는 칫솔은 한달만 써도 칫솔모가 쉽게 닳습니
      다. 우리가 흔히 쓰는 칫솔로는 치석까지 제거되지 않습니
      다.

광식 둘이요, 두부장수.

정애 여기 새로운 칫솔이 나왔습니다. 몇 달을 써도 칫솔모가 손
      상되지 않는 칫솔입니다. 이를 닦으면 부드러운 칫솔모가
      이의 구석구석까지 파고 들어가 찌꺼기와 치석을 제거해 줍
      니다.

광식 낙원으로 갔니?

정애 이를 닦는 동안 여러분을 낙원으로 데리고 가 줄 칫솔이 두
      개에 오천원입니다.

광식 정말 하루저녁이 꿈같다. 아이들이 죽고 어른들은 자살하고
      마치 블랙홀에 빠진 것 같아.

정애 하얀 옷을 입어서 니 모습이 성모 마리아처럼 성스럽고 숨
      소리는 너무나 고요해서 세상의 모든 소음을 덮어주었어.
      엄마는 꿈을 꾼다. 니가 등불을 들고 나타나 아빠를 위로
      해주고 엄마의 눈물을 닦아주고 죽은 사람들의 영혼을 선하
      게 해주는 꿈을…….

      죽은 이들이 등불을 들고 등장한다. 자신의 영정사진을 들었다.
      환하게 웃고 있다.
      조명이 서서히 암전된다.

　갑자기 배에 기형종이 생겨 수술을 받게 되었고 수술 직후 당선 소식을 들었다. 통증과 전신마취 후의 몽롱함 속에서 들은 가슴 벅찬 소식이었다. '이런 게 인생이구나' 하는 생각이 들었다. 몇 년 전부터 나는 '대전여민회'라는 여성운동단체의 연극 소모임 '돼지꿈'에서 활동을 해 왔다. 다양한 계층의 수많은 여성 문제를 연극으로 만들어 공연을 하면서 '연극'이라는 것이 사람의 다친 마음을 치료해주고 닫힌 마음을 열어주는 최고의 약이라는 것을 알게 되었다.

　간호사로서 막연히 연극에 대한 동경만 가지고 있던 나를 연극판으로 이끌어주고 몇 년을 한결같이 믿어준 대전여민회의 언니, 동생들과 진연 언니에게 가장 먼저 감사를 드린다. 그리고 나와 같이 몇 년을 울고 웃으며 연극을 했던 모든 돼지꿈 단원들과도 술 한 잔 하면서 기쁨을 나누고 싶다. 정말 소중한 사람들이다.

　단 몇 평의 무대가 시간과 공간을 초월하는 매력적인 공간으로 바뀔 수 있다는 것을 가르쳐주신 김상열 교수님께도 깊은 감사를 드린다. 영원한 나의 지지자인 엄마, 아빠, 형제들, 대전대 문예창작학과의 여러모로 멋진 교수님들과, 같이 스터디 했던 동료들, 그 밖에 작품을 열심히 읽어주고 평을 해주고 격려를 아끼지 않아 주었던 모든 분들에게 감사를 드린다. 수술로 인해 빈 자리를 묵묵히 메꾸어 주었던 직장의 동료들과 후한 휴가를 주셨던 원장님에도 감사를 드린다.

　마지막으로, 지금도 해결되지 않은 병마와 싸우고 있는 환자와 그의 가족들에게 위로의 말과 함께 이젠 병을, 더 이상 개인이나 가족의 병이 아닌 사회의 병으로 인식해 같이 치료할 날을 바라며 당선 소감을 마친다.

신춘문예에도 유행은 있는가 보다.

올해 응모작들도 예외는 아니어서 심사를 하면서 그 작품이 그 작품 같다는 인상을 지울 수 없었다. 다른 말로 하면 개성 있는 작품이 눈에 띄지 않았다는 말이다.

자의식과 관념이 과잉되어 작가 본인이 무슨 말을 하는지도 모르는 작품들, 고통의 아우성만 보여주고 고통의 근원을 성찰하지 않으려는 엄살과 감상(感傷)덩어리의 작품들, 무뇌아적 형식실험에 진부한 소재를 안이하게 결합한 작품들, 존재의 배를 가르고 내장을 꺼내 보이려는 도살의 욕망은 보이나 존재에 대한 새로운 발견이나 깨달음은 보이지 않는 작품들 등.

개성이나 독창성의 기준을 떠나 극작의 기본기를 중심으로 작품을 선별하려고도 해보았으나 단편희곡이 지녀야 할 덕목을 지닌 작품은 찾아보기 힘들었다. 사소한 소재를 의미심장하게 구성해내는 능력, 압축적이면서 오랜 울림을 줄 수 있는 내공, 존재의 심연을 깊고 섬세하게 응시하는 통찰력을 지닌 신인을 만날 수 없었다.

정말 심사를 하는 입장에서 독창성보다 기본기에 충실한 신인을 기대했다. 그 이유는 대개 신춘문예를 통해 등단한 작가들이 등단과 함께 사라져가는 경우가 너무나 허다하기 때문이다. 등단은 시작일 뿐이다. 그런데 시작과 동시에 끝을 내다니. 참 안타까운 일이 아닐 수 없다.

김미정의 작품과 박재원의 작품이 최종적으로 거론되었다.

박재원의 희곡은 인간을 둘러싸고 있는 서라운드(surround), 다시 말해 삶의 조건에 대한 성찰이 엿보인다는 점에서 좋은 평을 받았다. 그러나 형식이 지나치게 단순하고 삶의 조건에 대한 중심인물의 대응이 자폐적이라는 지적

또한 면할 수 없었다. 김미정의 〈블랙홀〉은 공간, 인물, 사건의 혼재와 병치, 꿈과 현실의 넘나듦을 통해 존재의 불가사의한 면을 부각시켰다는 점에서 좋은 평을 받았다. 무엇보다 연극 공간의 활용과 극적 이미지의 연결이 돋보였고 무거운 소재를 다루는 와중에도 코믹함을 잃지 않는 장점을 지니고 있다는 평가를 받았다.

[심사위원=김철리 · 김태웅]

전남일보 희곡 부문 가작

지느러미 달린 풍경

■

최 일 걸

1967년 전북 진안출생
전주 우석대 동양화과 중퇴
1995 전북일보 신춘문예 동화 당선
1997 한국일보 신춘문예 동화 당선
2006 조선일보 신춘문예 희곡 〈팽이증후군〉으로 당선

등장인물

노인(70대 중반)   치매환자
아낙(40대 초반)   포장마차 주인
인어(30대 초반)   두 다리를 절단한 장애인
김씨(40대 중반)   어부

무대

무대는 부둣가, 무대 뒤편으로 검은 바다가 통곡의 벽처럼 휘청 휘청 일어서 있고 바다의 울먹임이 부둣가 위에서 출렁인다.

막이 열리면 무대 중앙의 포장마차에서 아낙, 도마질을 하고 있고 술에 취한 김씨는 목포의 눈물을 고래고래 악을 쓰며 부른다. 무대 좌측엔 널빤지가 있다. 널빤지 위에 앉아 있는 노인, 두루마리 화장지를 뜯어 손으로 돌돌 말아 바구니 속에 집어넣는 작업을 쉬지 않고 반복한다. 기억의 그물에 걸린 새우를 잡는 것이다.

김씨   파도야, 부어라. 죽어라 마셔 보자꾸나!
아낙   그만 마셔요. 취하신 것 같은데.
김씨   나도 그만 마시고 싶은데 뭍에 오르면 멀미를 하는 걸 어떡해.
아낙   핑계는…
김씨   진짜라니까. 배를 타고 오랫동안 바다 위에 떠 있다 보면 출렁거림이 온몸에 배어든단 말이야. 그러다가 뭍에 오르면 욕지기처럼 가슴속에서 치밀어 오르는 게 있지. 몸은 출렁거리는데 이놈의 세상은 턱 버티고 서서 꼼짝 않으니, 젠장! 그러니 술독에 빠질 수밖에.

아낙 몸 생각 좀 하세요.

김씨 몸 생각은 해서 뭐해? 딸린 처자식이 있는 것도 아니고. 동생이 나랑 살림이라도 차린다면… (아낙에게 살며시 웃음을 던진다.)

아낙 꿈도 야무지시네요.

김씨 나도 한다면 하는 사람이야. 술도 딱 끊고 맘 잡을게. 사나이 가슴에 둥지를 틀어보라고.

아낙 제 가슴속엔 한 가지 소망밖에 없네요. 친정에 맡겨놓은 애들 데려오는 거, 자식들과 함께 살 방 한 칸, 그것뿐이네요.

김씨 허허, 내가 개꿈 꿨구먼. (노인에게) 영감님, 새우 잘 잡힙니까?

노인 (낙낙한 웃음기가 얼굴에 깔리며) 어, 만선이야, 만선.

쉬지 않고 화장지를 돌돌 말아 새우를 잡는 노인을 측은한 눈으로 바라보다가-

김씨 (혀를 차며) 에구 불쌍한 양반. 노망이 들었어도 망망대해를 벗어나지 못하는구먼. 나도 징글징글한 저 바다에 빠져 허우적거리다가 결국에 고기밥이 되겠지. 그게 뱃놈의 팔자지, 젠장!

아낙 무료로 노인들을 맡아주는 데가 있다던데, 그런 데라도 알아봐야겠어요.

김씨 부질없는 짓이지. 어디를 가더라도 영감님에겐 망망대해인걸. (노인에게) 영감님, 멍텅구리배 지겹지도 않으세요? 이제 그만 뭍에 오르세요.

노인   뭍? 뭍…

노인, 하던 일을 멈추고 천천히 일어선다.
마치 망망대해에서 뭍을 응시하듯 간절한 눈망울로 앞을 바라보
더니 갯벌 같은 주름살을 타고 흐르는 눈물을 훔친다.

아낙   따님이 그리우신가 봐요.
김씨   허, 그립기도 하겠다!
아낙   그래도 일점혈육인데 그립지 않겠어요.
김씨   노망든 아버지 길바닥에 버리는 게 자식이야!
아낙   가난이 죄죠, 뭐. 저도 아버지 산소 이장도 못하고 도망치
         듯 고향을 떠났네요. 아버지를 댐 속에 수장한 셈이죠. 가
         끔 꿈속에 나타나세요. 그때마다 물속이 너무 답답하다고
         몸부림치시는데… (한이 맺혀 목이 잠긴다.)

노인, 맥없이 주저앉아 다시 화장지를 뜯어 돌돌 말아 바구니에
담는다.
지루하게 반복되는 노인의 작업은 지치고 허전해 보인다.

김씨   그게 동생 잘못인가. 보상비 갖고 도망친 남편 잘못이지.
아낙   그 인간 원망 많이 했었는데 이젠 측은한 마음이 드네요.
         댐이 원수죠. 댐이 들어선다니까 인심이 흉흉해지더라고요.
         가난했지만 인정 많은 사람들이었는데, 다들 돈독이 올라
         서로 의심하고 헐뜯고, 보상비 더 타내겠다고 별의별 짓을
         다하더라고요. 결국에 개판이 되어버렸죠.

김씨	개판?
아낙	이 집 저 집에 쇠창살이 들어서고 다투어 개를 키웠죠. 덩치가 송아지만한 도사견을. 그 작은 마을에서 사육하는 개가 5천 마리가 넘었을 거예요. 그 많은 개들이 독기를 품은 채 사납게 짖어대는데, 지옥이 따로 없더군요.
김씨	거참, 돈이 뭔지.
아낙	농사밖에 모르는 사람이었어요. 그랬던 사람이 돈을 움켜쥐더니 술에 놀음에 여자에, (징그럽다는 듯 고개를 내젓더니) 그렇게 사람이 망가질 줄은 꿈에도 몰랐네요. 그래요. 거센 물살이 모든 걸 집어삼켰어요.
김씨	헌데 어쩌다가 그 산골짜기에서 여기까지 흘러왔어?
아낙	가난에 떠밀려 흘러가다 보니 검은 바다가 곧 무너질 담처럼 휘청휘청 일어서 있더군요.
김씨	시꺼멓게 썩은 저 바다가 허술해 보여도 결코 만만한 상대가 아니지.
아낙	그래요. 하지만 누구나 한번은 저 바다를 건너가야 하죠.

찬송가 소리가 들리더니 무대 오른편에서 모습을 드러내는 인어, 바퀴 달린 판자 위에 엎드린 채 양팔을 가슴지느러미처럼 움직이며 고무타이로 만든 꼬리지느러미를 질질 끌고 포장마차로 다가온다.

김씨	인어 왔구나! (자리에서 일어나 인어에게 다가가 인어의 머리를 헝클어트리며) 자식, 반갑다, 반가워.
인어	(웃으며) 여전하십니다, 형님.
김씨	(인어의 두 다리를 대신한 고무타이어를 만지며) 꼬리지느러미는

여전히 싱싱하구나. 그래, 콘크리트 바닥으로 자맥질해서 무얼 건졌느냐?

인어 동전 몇 개 움켜쥐었죠.

김씨 너에게 곁을 주는 사람이 있더냐?

인어 있을 턱이 있나요.

김씨 하염없이 헤엄치면서 섬 하나도 못 본 거야?

인어 섬은 발견하지 못했지만 행인들의 출렁거림이 펼치는 수평선으로부터 밀려오는 태고의 비린내가 한껏 돋우어 올리는 형상을 보았죠.

김씨 어떻게 생겼는데?

인어 자궁 같더군요. 그래서 그 속에서 태아처럼 웅크리고 꿈을 피워 올렸죠.

김씨 얼씨구, 좋구나, 좋아!

인어 누님, 국수 한 그릇 말아주세요.

아낙 알았어. 발 디딜 틈 없는 거리를 온종일 헤엄쳐 다녔으니 오죽 시장할까.

인어 (두 팔을 들어 보이며) 제 가슴지느러미 팔팔 합니다.

김씨 그것 좀 꺼라. 종말이 멀지 않은 것 같아서 싱숭생숭하다.

인어 형님도 참. (녹음기를 끄고는 노인에게 다가간다.) 할아버지, 고기 많이 잡으셨어요?

노인, 굳게 입을 다문 채 근심이 깊게 스민 얼굴로 하늘을 응시하고 있다.

인어 할아버지, 그물 가져왔어요. (두루마리 화장지를 널빤지 위에 올려놓는다.)

노인	(얼굴을 찌푸리며) 아무래도 심상치 않아.
인어	왜요?
노인	태풍이, 태풍이 몰려오고 있어. (공포에 사로잡혀) 어서 빨리 뭍에 올라야 할텐데. 멍텅구리배가 뒤집히는 건 시간 문제야. 선주님, 어디 계신가? 선주님! 선주님!
김씨	염려 붙들어 매세요, 영감님. 하늘 좀 보세요. 새색시처럼 곱고 얌전하지 않습니까. 설사 태풍이 온다 해도 이놈의 세상, 끄떡없습니다.
노인	태산 같은 해일이 몰려오고 있어! (진저리친다.)
인어	진정하세요, 할아버지.
노인	(인어의 손을 붙잡으며) 이보게, 나 좀 뭍에 데려다 줘. 여기서 빠져죽을 순 없어. 뼈는 땅에 묻어야지. 나 좀 데려가 달라고! 이 늙은이 마지막 소망이야.
인어	걱정 마세요, 할아버지. 제가 지켜드릴게요.
노인	(몸을 일으키고 간절하고 절박하게 두리번거리며) 순임아! 순임아! 순임아!]
아낙	에고, 애절해서 못 보겠네.
김씨	영감님, 자식 필요 없습니다. 훌훌 털어버리세요.
아낙	기댈 언덕이라곤 일점혈육뿐인데 어떻게 잊겠어요.
노인	나 뭍에 올라야 해. 뭍에 올라야한다고!
김씨	젠장! (자리를 박차고 일어나 노인에게 다가가며) 영감님, 여기가 뭍입니다. 보세요. 부둣가잖아요. 땅입니다, 땅! 밟아보세요.]
노인	(고개를 내저으며) 아냐. 아냐.
김씨	이제 그만 내려오세요. 바다, 지긋지긋 하지도 않아요?(김씨, 노인의 손을 잡고 완력으로 끌어 내리려한다.) 내려오세요. 내려

오시라고요!]

노인   안 돼! (필사적으로 널빤지 위에서 버틴다.)

인어   형님. (그만 하라는)

노인   (무릎을 꿇고 김씨에게 빈다.) 선주님, 살려주세요! 늙은 게 허튼 소리를 했구먼요. 맘 잡고 열심히 새우 잡을테니 한번만 용서해주세요.

김씨   젠장! (포장마차로 가서 병나발을 분다.)

인어   할아버지, 괜찮으세요?

김씨   바다야, 너도 한잔 받아라! (바다를 향해 침을 뱉고는) 동생 한 병 더 줘.

노인   (떨리는 손으로 새우를 잡으며) 태풍이 몰려오는데, 태풍이 모든 걸 집어삼킬 거야. 오도 가도 못하는 멍텅구리배 위에서 생을 마감하는구먼.

인어   아무 일 없을 거예요, 할아버지.

노인   아냐, 마지막 불씨가 꺼지고 있어. 가슴 깊이 꼭꼭 감춰둔 불씨가 빛을 잃어가고 있다고. 그 불씨는 내 혼불이 되어 타올라야 하는데. 평생 새우와 멸치만 잡고 살았어. 내 꿈은 그게 아니었는데.

아낙   (국수 그릇을 바퀴 달린 판자 위에 올려놓으며) 시장하지? 얼른 먹어.

인어   잘 먹겠습니다, 누님.

김씨   동생, 뭔가 대책을 세워야지. 장사가 이렇게 안 돼서야…

아낙   뽀족한 수가 없네요.

김씨   자리를 옮겨 보든가?

아낙   이 삭막한 세상에서 비집고 들어갈 틈이 어디 있나요? 무주댁도 영철이네도 아등바등 하다가 떠나갔잖아요. 기업형 포

156

장마차가 들어서면 그 주변 포장마차들은 다 망하는 거예요.

김씨 약육강식이라지만 인정사정 볼 것 없이 막가는구먼, 막가. 영락없이 공룡시대라니까. 결국에 공룡만 살아남을 거야. (옆으로 시선을 돌려 고개를 발딱 젖혀 우러러 보더니) 100미터가 넘는다지. 대형 크레인 말이야. 저게 바로 공룡이지. 덥석덥석, 잘도 집어먹는구나. 너도 한잔 받아라!

아낙 예전엔 부두 인부들이 곧잘 오곤 했는데. (한숨을 내리쉰다.) 전세방이라도 얻어야 애들을 부를 텐데.

김씨 희망처럼 가혹한 것도 없지.

아낙 하지만 희망 속에 둥지를 틀지 않으면 어떻게 내일을 꿈꾸겠어요.

김씨 과연 내일이 올까?

아낙 비관적인 말씀 마세요. 방 한 칸마저 이룰 수 없는 꿈이라면 더 이상 버틸 재간이 없네요.

김씨 난 말이야. 내일을 잊은 지 오래야. 과거를 되새김질하며 술을 마시는 게 유일한 낙이지. 예전에 저기, 컨테이너박스들이 산맥을 이룬 저 곳에 어촌이 자리 잡고 있었어. 내가 태어난 곳이 바로 저 곳이야. 싱싱한 비린내가 떼를 지어 몰려다니는 마을이었지. 아이들의 함박웃음소리로 돛대처럼 한껏 부풀어 오른 마을 앞엔 바다가 있었어. 저런 똥물이 아니고 시퍼렇게 날선 파도가 출렁이는 바다. 할머니의 주름살을 따라 드넓게 펼쳐진 갯벌에선 벌거숭이 아이들이 둥그렇게 모여 앉아 갯벌에 숨구멍을 뚫고 지느러미 펄떡이는 꿈을 길어 올렸지. 그때 그 아이들은 다 어디로 흘러가 섬이 되었을까. 한때는, 한 때는 말이야. 뱃사람들이 풍어가를

부르며 억센 팔뚝으로 수평선을 잡아당기며 줄다리기를 하
고, 무당이 수평선을 넘나들며 춤사위로 용왕을 불러일으켰
지. 알겠어? 바로 저 바다 밑에 용궁이 있었다고. 용왕님도
한잔 받으쇼.

아낙   전 이곳에 와서 처음 바다를 보았어요. 그런데 산골마을에
서 살 때에도 가슴 깊이 바다를 품고 있었던 것 같아요. 내
고향에 바다는 흔적을 남겨놨어요. 내동산이라고, 상처투성
이의 산이 기다랗게 누워 있는데, 상처는 바다를 기억하고
있더군요. 돌멩이를 주워 귀 기울이면 파도의 흐느낌을 들
을 수 있었어요. 그 산골마을엔 나를 위해 우는 고래가 살
고 있었어요.

김씨   나를 위해 우는 고래?

아낙   네, 나를 위해 우는 고래요. 일곱 살 때 아버지가 돌아가셨
죠. 그때부터 그 산이 나를 사로잡았어요. 그리움이 가득한
내 눈망울 속엔 내동산이 기다랗게 누워 있었죠. 저 산 너
머엔 어떤 세상이 있을까. 혹시 아버지가 그곳에 계시지 않
을까. 견디다 못한 나는 산 너머의 세상을 향해 걸음을 내
딛었어요. 산은 쉽사리 허물어지지 않더군요. 가까스로 산
봉우리에 올랐을 때, 내 눈망울엔 그렁그렁 눈물이 차올랐
어요. 내 눈앞엔 끝없이 산이 펼쳐져 있었던 거예요. 실망
감 때문에 무릎에 힘이 가지 않았어요. 노을이 어깨에 내려
앉을 즈음 겨우 산에서 내려왔죠. 울음소리를 들은 건 바로
그때였어요. 누군가 나를 위해 울고 있었어요. 울음소리에
이끌려 뒤돌아보았죠. 그 순간 기다랗게 누워 있던 내동산
이 거대한 고래가 되어 꼬리지느러미로 대지를 내리치며 하
늘로 솟구쳐 오르더니 내 가슴속으로 풍덩 뛰어들었어요.

머나먼 옛날, 바다는 그곳으로부터 멀어져갔지만 고래는 첩첩산중에 홀로 남아 나를 기다리고 있었던 거예요. 아버지의 빈자리엔 고래가 있었어요. 나는 고래와 놀고 고래와 이야기하고 고래의 넉넉한 등판에서 잠들곤 했죠.

인어   참 아름다운 이야기네요.

김씨   그래서 그 고래는 어떻게 됐어?

아낙   나를 위해 우는 고래는 처참하게 죽었어요. 댐이 건설되면서…

김씨   고기가 물을 만났는데 왜 죽어?

아낙   왜 수많은 고래들은 바다를 버리고 한사코 뭍에 올라와서 죽는 걸까요?

노인   (꺼져가던 불길이 삽시간에 활활 타오르듯) 고래? 고래!

인어   어쩌면 죽지 않았을지도 몰라요.

아낙   아냐. 돌이킬 수 없는 옛날 이야기지.

인어   그 고래는 부활할 거예요. 난 믿어요.

아낙   (김씨에게 접시를 내밀며) 이것 좀 드셔보세요.

김씨   이야, 해파리무침이군. (맛을 본다.)

아낙   어때요?

김씨   카, 이놈이 콧속을 콕 찌르면서 눈물을 쏙 뽑아내는구나. 해파리야, 너도 한잔 받아라!

아낙   저도 한 잔 주세요.

김씨   동생은 안 돼.

아낙   (술잔을 내밀며) 얼른 주세요.

김씨   취하면 댐이 무너진 것처럼 눈물을 쏟아내잖아.

아낙   취해서라도 출렁이는 세상을 보고 싶네요.

김씨   출렁이는 세상, 좋지. 한잔 받아. (술을 따르며) 우리 물줄기가 되어 어울리며 굽이쳐 보자고. 어때?

아낙　　좋죠.

김씨　　건배!

아낙　　지화자!

김씨와 아낙, 한껏 부풀어 오른 듯 웃는다.
그러나 얼마 지나지 않아 두 사람의 웃음이 잦아들고
두 사람은 바람 빠진 풍선처럼 허전해진다.

김씨　　이 녀석은 태고에 바다의 깊은 심연 속 물살이었을 거야.
억겁의 어둠을 품고 억만년 삭여 바다의 혼불이 되었지. 오
색 빛 내뿜으며 하느작하느작 그윽한 춤사위를 펼쳤을 거
야. 그리하여 지느러미 달린 꿈은 파도를 일으켰고 척추 달
린 꿈은 뭍으로 올라갔고 날개 달린 꿈은 하늘을 열었지.
이렇게 무침이나 냉채로 식탁에 오른 다음부터일까?

아낙　　무슨 말이에요?

김씨　　해파리의 형광물질이 유전자 조작에 유용하게 쓰인다는구
먼. 아마 꿈의 밑그림을 조작하는 빛으로 이용당하면서부터
일 거야. 독오른 꿈들이 떼를 지어 그물을 찢고 어장을 점
령하고 해수욕장을 습격하고 원자력발전소를 봉쇄한 것은,
바다의 혼불이 뭍에 올라 썩어문드러지기 시작한 것은. 해
파리떼가 대지 위에 바다를 일으켜 세우고 억겁의 어둠이
지구를 집어삼킬 그 날은 언제일까?

한동안 침묵 속에서 바다의 흐느낌이 아련하게 들려오다가
휴대폰 벨소리가 울린다

휴대폰을 여는 아낙

아낙 여보세요? 엄마… (왈칵 쏟아지려는 눈물을 삼키면서) 잘 지내시
죠? …애들은요? …무슨 일인데 그러세요. …네? (충격에 휩
싸여) 영선이 아빠가요! 언제요?

아낙, 모친의 말을 듣고 있다가 충격을 받아 휴대폰을 바닥에
떨어뜨린다.

김씨 무슨 일이야? 왜 그래?

아낙 영선이 아빠가…

김씨 하, 답답하게 그러지 말고 말을 해봐.

아낙 익사체로 발견되었데요.

김씨 뭐야! 어디서?

아낙 그토록 가난으로부터 벗어나려고 발버둥 치더니 결국에 한
걸음도 댐을 벗어나지 못했어요. 수몰민은 어딜 가더라도
수몰민일 뿐… 이제야 비로소 알겠어요. 아무리 발버둥 쳐
도 물속에서 빠져나올 수 없다는 사실… 부질없는 몸부림이
야. 맞아요. 우리에게 내일은 없어요.

굳은 얼굴로 아낙을 보는 김씨, 무슨 말을 할 것 같더니 말을
못하고 검은 바다를 응시한다.
인어, 어두운 얼굴로 깊은 생각에 잠겨 있다
한동안 바다의 흐느낌이 무대를 출렁이게 하는가 싶더니

노인 (벌떡 일어서며) 이렇게 끝낼 순 없어. 고래를 잡을 거야, 내

고래를! 고래를 잡기 전엔 눈을 감을 수 없어.

노인, 망망대해에서 고래를 찾으려고 고개를 길게 내빼어 두리
번거린다.
인어, 잠시 노인을 깊게 응시하더니 말문을 연다.

인어 광풍이 몰아치는 거리에선 모든 게 날개를 달고 있죠. 내가
살던 곳은 그랬어요. 아가씨의 미니스커트는 날개가 되어
중년신사의 눈동자에 둥지를 틀고, 그 거리를 벗어나려는
가로수 이파리들의 날갯짓은 치열하고 처절했죠. 잠시 바람
의 주소가 되었던 행려병자의 겨드랑이에도 날개가 돋고,
빚 독촉에 떠밀려 허공에 몸을 던진 일가족, 그 추락은 하
늘을 뚫고 치솟는 땅값처럼 날개 달린 풍경이죠. 위조지폐
같이 흩날리는 햇발도 곧추선 날을 함부로 휘두르는 소음도
자락을 펼치며 행인의 입을 틀어막는 먼지도 날개를 달았
죠. 빌딩들이 질겅질겅 씹다가 뱉어버린 하늘의 살점들도
거추장스럽지만 날개를 달고 있죠. 사람들은 물질만능이라
는 태양을 향해 일확천금의 날개를 퍼드덕거렸죠. 나도 날
개를 달고 있었어요. 황금태양을 향해 있는 힘을 다해 날개
를 퍼떡거렸죠. 일확천금을 움켜쥐고 싶었어요. 핏발선 눈
에 들어오는 것은 돈, 돈, 돈! 오직 돈뿐이었어요. 돈을 벌
기 위해서라면 무슨 짓이든 할 수 있었어요. 그렇게 발광을
하다가… 사람을 죽였어요. 이 손으로, 이 손으로!

놀랜 눈으로 인어를 응시하는 아낙과 김씨
노인, 여전히 망망대해에서 고래를 찾고 있다.

인어 살인을 저지르고 난 다음에야 눈에 들어오는 사람이 있었어요. 그 사람은 늘 그 거리에 있었는데 날개 돋친 풍경에 사로잡힌 내 눈엔 들어오지 않았죠. 날개 달린 풍경 속에 영영 떠오르지 않는, 행인들의 발걸음을 두 손 벌려 떠받치고 있는, 늘 땅에 뿌리박고 앉아 있으면서도 쉬지 않고 걷는, 걸음걸음으로 휘문이하여 여백을 피워 올리는 그 사내는 앉은뱅이이었어요. 그 사내를 발견하고 난 다음에야 비로소 날개 달린 풍경 밖으로 뛰쳐나올 수 있었어요. 자괴감이 엄습하더군요. 죄책감에 시달리다가 도로로 뛰어들었어요. 내가 지은 죄로부터 벗어나고 싶었어요. 과거를 떨쳐내려고 두 다리를 절단했는데, 이곳으로 도망쳐왔는데, 벗어날 수 없었어요. 저 바다가 날 가만 놔두지 않았어요. 시꺼멓게 썩은 바다가 쉼 없이 나를 후려쳤어요.

허공을 더듬던 노인의 시선이 인어에게 가 닿는다.
집요하게 인어를 응시하는 노인의 눈이 이글이글 타오르기 시작한다.

인어 난 인어가 아니에요. 인어가 되고 싶었지만 난 살인자에 불과해요. 그 무엇으로도 나의 사악함을 씻을 수 없어요. 형님, 얼마만큼 썩어야 오욕의 세월도 시퍼렇게 날선 파도가 될까요?

노인 (손으로 인어를 가리키며) 고래다! 고래가 나타났다!

고래를 발견한 노인의 모습은 생명력으로 충만하여 시퍼렇게 날선 파도 같다.

인어	아니에요, 할아버지. 전 고래가 될 수 없어요. 저는 망나니예요.
노인	아니, 넌 고래야. 내 고래야!

생의 약동으로 꿈틀거리는 얼굴로 인어를 응시하던 노인, 널빤지에서 내려온다.
그 모습을 보고 놀란-

인어	할아버지?!
아낙	(거의 동시에) 마침내 내려오셨네.
김씨	아니, 영감님, 정신이 돌아오셨어요? 여기가 어딘지 아시겠어요? 제가 누구예요?
노인	(집요하게 인어를 응시한다.)
김씨	어떻게 이런 일이. 인어야, 네가 기적을 일으켰어.

노인은 마치 용솟음치는 물기둥처럼 강인하고 웅장해 보인다.

노인	(인어를 향해 걸음을 떼며) 내 기필코 잡고 말테다!

노인, 양손으로 인어의 목을 움켜쥔다.

아낙	영감님?
김씨	아니, 저 양반이!

김씨, 달려가 노인을 인어에게서 떼어내려 한다.
그러나 고래에 사로잡힌 노인의 힘은 만만치 않다.

간신히 인어의 목을 틀어쥔 노인의 손을 떼어내는 김씨
인어, 거칠게 숨을 토하며 기침을 한다.

김씨　　미쳤어요, 영감님! 저리 가요. 저리 가지 못해!
노인　　(막무가내로 인어에게 다가가려 하며) 내 고래, 내 고래야!
김씨　　어허, 이 양반이 정말! (노인을 밀친다.)

쓰러지는 노인
그러나 노인, 금세 일어나 성난 눈으로 김씨를 노려본다.

노인　　(버럭) 비켜라, 이놈!
김씨　　영감님, 정신 차리세요!
인어　　형님, 비키세요.
김씨　　뭐?
인어　　영감님의 고래가 되고 싶어요.
김씨　　죽고 싶어 환장했구나, 너.
인어　　형님, 제가 영원히 도시 밑바닥을 지렁이처럼 기어다니길
　　　　바라세요?
김씨　　임마, 넌 인어야!
인어　　형님은 죄의식이 얼마나 고통스러운 것인지 모르세요. 삶은
　　　　내게 악몽일 뿐이에요. 이건 살아 있어도 살아 있는 게 아
　　　　니에요. 형님, 제가 다시 태어날 수 있도록 도와주세요, 제
　　　　발!
김씨　　이런 젠장!
아낙　　스스로 바다를 선택했어요.
김씨　　다들 돌았군, 돌았어! (갈등하더니) 젠장!

한 걸음 물러서더니 검은 바다를 향해 돌아서는 김씨
노인, 기다렸다는 듯 인어에게 다가간다.

인어   저 먼저 갑니다. 쉬엄쉬엄 오세요.

노인, 양손으로 인어의 목을 움켜쥔다.
아낙, 차마 바라보지 못하고 고개를 돌린다.
노인, 억센 손아귀 힘으로 인어의 목을 조른다.
숨막힘에 일그러지는 인어의 얼굴, 그러면서도 벅찬 감동이 물
보라처럼 얼굴에 번진다.
돛대처럼 한껏 부풀어오르는 노인의 몸뚱이
마침내 숨을 거두는 인어

노인   내가, 내가 고래를 잡았어. 고래를 잡았다고! (노인의 얼굴에
        웃음이 출렁인다.)

김씨   인어야? (인어에게 달려간다.)

아낙   깊게 잠들었으니 이제 편안할 거예요.

노인   이건 내 고래야, 내 고래! 하하, 난 해냈어! 평생 동안 염원
        했던 일을 해냈다고. 이제 죽어도 여한이 없어.

김씨   (인어를 부둥켜안으며) 인어야! 인어야, 눈 좀 떠봐. 경멸 가득
        한 눈망울 속에 빠져있지 말고 솟구쳐 올라. 너를 죽음으로
        몰고 간 세상에 짓눌려 있지 말고 지느러미로 파도를 일으
        켜봐. 치열한 몸부림으로 삭막한 세상에 바다를 불러일으키
        란 말이야, 이 자식아!

아낙   (물기 그렁한 눈으로 인어를 내려다보며) 입가에 웃음이 흘러나
        오고 있어요. 꿈꾸던 뭍에 올라 사뿐사뿐 걷고 있나봐요.

김씨   너의 꼬리지느러미로 해일이 일으켜서 깎아지른 절벽처럼

서 있는 도시를 허물어버려! 산호섬이 되어 너의 꿈을 펼쳐
봐, 인어야!

김씨, 일어서 검은 바다를 응시한다.
노인, 함박눈 같은 웃음을 흩뿌린다.
아낙, 마침내 참았던 울음을 토한다.

김씨   누구든지 너를 딛지 않고는 뭍에 오르지 못할 거야. 저것
좀 봐. 검은 바다가 용솟음치고 있어. (바다를 향해 두 팔을 벌
리고) 그래, 와라, 검은 바다! 세상을 휩쓸어버려라, 어서!
억겁의 어둠아, 지구를 집어삼켜라! 으하하하!

삽시간에 검은 바다가, 억겁의 어둠이 무대를 집어삼킨다.
어둠 속에서 바다의 아우성이 소용돌이친다.
막이 내린다.

1995년 모 신문사 신춘문예에 동화가 당선되었을 때 기자와 심사를 맡으신 윤이현 선생님께 맞춤법을 지적받았다. 나의 신춘문예 도전기는 그렇게 시작되었다. 맞춤법도 제대로 모르는 채 나는 오직 열정만 가지고 신춘문예에 도전했다. 글을 쓰고 싶은 마음이 간절했는데 어떻게 써야 되는지 막막했다. 책을 더듬으며 홀로 문학을 공부했다. 지방대에 들어가 내 얼굴에 먹칠만하고 나온 나에게 문학의 벽은 참으로 높았다. 실상 신춘문예라는 시험장이 내게 주어진 유일한 강의실이었고, 거듭되는 시행착오가 내가 배운 교육의 전부이다. 수많은 낙선이 나의 힘이었다. 쓰러질 때마다는 나는 다시 일어났다. 쓰러진 만큼 강하게 일어섰고, 이를 악물고 다시 도전했다. 사회적 지진아라는 소리를 들으면서도 나는 문학을 고집했고, 그리하여 오늘 이 자리에 섰다. 공황장애 때문에 연극 한번 제대로 보지 못한 나를 뽑아주신 차범석 선생님께서 감사드린다. 존경하는 선생님의 추천을 받았다는 것은 내게 감당키 힘든 영광이며, 앞으로 치열하게 희곡을 창작하는 것이 선생님께 보답하는 길이라 믿는다. 나의 신춘문예 도전기는 아직 끝나지 않았다. 신춘문예사에 한 획을 그은 다음 나는 신춘문예를 뒤로 하고 가슴 깊이 품어둔 비수를 꺼낼 것이다.

■ 심사평

　최종심에 오른 작품은 〈나는 대공원으로 간다〉(김은미), 〈태아령〉(김주희), 〈지느러미 달린 풍경〉(최일걸), 〈편의점〉(권진희), 〈잊혀진 시간〉(김민영), 〈카프리초스〉(송강희) 모두 6편. 저마다 개성이 있고 무게를 느끼게 하는 희곡이다. 그리고 형식적인 수준도 갖추고 있다. 그러나 오래전부터 심사평을 쓸 때마다 느꼈던 소감이 20년 전이나 지금이나 별로 달라진 게 없다는게 나의 솔직한 심정이다.

　무엇보다도 희곡문학이 시나 소설이나 수필과는 분명히 그 형식이 다르다는 기본적인 인식조차 부족하다. 더구나 방송극본하고는 확연히 다른데도 불구하고 혼돈을 하고 있다. 예컨대 단막극에서 암전이 그렇게 자주 구사된다는 것은 기초적 상식이 의심된다. 더구나 희곡의 말미에서 막이 내리는 판국에 '암전'으로 표시하는 무지에 이르러서는 어안이 벙벙해진다. 암전은 극 진행의 과정에서 쓰는 수법이지 종결이 아니기 때문이다.

　그러나 무엇보다도 희곡(연극)은 철저한 인간 관계로 이뤄진다는 기본조건을 망각하고 있다는 것이다. 그것은 서로 다른 등장인물의 성격이 서로 어떤 관계를 맺고 있으며, 그 구체적인 진전이 극적인 효과와 감동을 불러일으키는 게 희곡의 특징이다. 그러므로 등장인물 사이에 아무런 상관성도 없이 제멋대로 자기 얘기만 내뱉는 대화형식이 곧 희곡이라고 속단하고 있다. 우리가 살아가는 현실과 인간에 대한 사랑이나 관심은 얕은 대신 작가 자신의 일방적인 주장이나 잔소리가 범람하는 상태에서는 극적인 감동을 만나기란 힘들다. 그 수법이 사실적이건 추상적이건 상관할 바가 아니다. 다만 그 작품이 무대 위에서 형상화되어 관객 앞에서 현재진행형으로 진전되고 있다는 사실을 감안한다면 작품의 주제나 메시지는 더 선명하고 솔직해야 한다. 그러기 위해서는 관객에게 꼭 보여주고 들려줄 필요가 있는 인물이나 말이 아니면 대담하게 생략하거나 절제를 지키는 게 희곡의 기본일진데 필요이상의 잔소리나 수식과잉이나 인물의 등장은 희곡의 생명을 압사시킬 뿐이다.

이런 관점에서 이번에 아깝게도 당선작을 뽑지 못한 채 〈지느러미 달린 풍경〉을 가작으로 뽑게 되었다. 희곡으로서의 결함이 있지만 풍부한 상상력과 상징성, 그리고 대사의 시적인 표현력과 인생에 관한 진지한 통찰력들이 앞날의 가능성을 안겨주기 때문이다. 결론적으로 희곡을 난해하게 쓰는 게 문학이라고 착각하기 보다는 평범 속에서 비범을 추구하는 겸손과 진솔함이 아쉬웠다.

[심사위원=차범석]

조선일보 희곡 부문 당선작

팽이증후군

∎

최 일 걸

1967년 전북 진안출생
전주 우석대 동양화과 중퇴
1995 전북일보 신춘문예 동화 당선
1997 한국일보 신춘문예 동화 당선
2006 전남일보 신춘문예 희곡 〈지느러미 달린 풍경〉으로 가작 입선

등장인물

장님(40대 초반)
검사(30대 중반)
목소리 하나에서 다섯까지

무대

무대는 검찰청 조사실이다.
무대 한 가운데 탁자가 놓여 있고 탁자 좌우측에 의자가 하나씩 놓여 있다.
탁자와 거리를 두고 목소리 하나에서 다섯까지가 반원을 그린 채 어둠 속에 도사리고 있다.
탁자를 향해 스포트라이트 쏘아지면 검사가 예리한 시선으로 장님을 응시하고 있다.
탁자 위에는 채찍이 똬리를 뜬 독사처럼 올려져 있다.

검사   직업?
장님   안마사요.
검사   사이비 교주가 아니고.
하나   당신은 우리들의 메시아이십니다.
둘   구세주여!
검사   그들은 널 신이라 부르더군.
셋   주여, 어디로 가시나이까?
장님   단 한 번도 그들 위에 군림하려 한적 없소.
넷   우리를 불쌍히 여기소서.
장님   그들이 나를 떠받들수록 나의 고통은 점점 커져갔소.

다섯	채찍으로 우리를 벌하소서!
검사	교활하고 악랄한 작자! 그들은 전적으로 널 신뢰하더군. 어떻게 그들을 세뇌시켰지?
하나	살인이라뇨? 말도 안 됩니다.
둘	그것은 순교입니다.
검사	아무리 다그쳐도 불지 않더군.
셋	선생님은 언제나 우리를 지극한 사랑으로 대하셨습니다.
검사	한마디로 광적이더군.
장님	때리는 자의 고통은 아시오?
검사	(주먹으로 탁자를 내리치며) 개만도 못한 자식! 넌 사람을 죽였어. 이 채찍으로 살가죽을 찢어발겼다고! 잔인무도하고 엽기적인 살인이야.
넷	마침내 심판의 날이 왔도다!
검사	기필코 널 사형대 위에 세우고 말 거야.
장님	내가 바라는 바요.
검사	거짓말 마. 살고 싶잖아. 그렇지?
다섯	죄 지은 자들은 모두 나에게 오라!
검사	지금이라도 늦지 않았어. 순순히 자백한다면 사형은 면하게 해줄 수 있어. 직업?
장님	안마사요.
검사	(버럭) 뭐야!
장님	대학까지 나왔지만 장님인 내가 할 수 있는 일은 그것밖에 없었소.
하나	어허, 장님이 문 바로 들어갔네.
장님	하지만, 난 안마사라는 직업에 자부심도 느꼈고 언제나 최선을 다했소.

둘	장님 잠자나 마나지 뭐.
장님	고객들에게 최상의 서비스를 제공하고 싶었소.
셋	장님 코끼리 말하듯 하네.
검사	안마나 할 것이 왜 신을 사칭 했어?
장님	나는 신을 꿈꿔 본 적 없소. 신이라면 지긋지긋하오.
넷	온몸이 뻑적지근하네. 이봐, 안마 좀 해봐.
다섯	온몸이 살살 녹아내릴 때까지 하는 거야. 맘에 들면 팁 듬뿍 줄게.
장님	난 늘 최선을 다했지만 고객들을 만족시켜 주지 못했소.
하나	뭐 이래. 형편없잖아.
둘	요통이 더 심해졌잖아, 빌어먹을 자식!
셋	너 일루 와봐. 안마가 뭔지 보여줄 게. 이 주먹으로 흠씬 두들기면 니놈 통뼈가 흐물흐물 해질 거다.
장님	그들이 원하는 건 안마가 아니었소.
검사	섹스라도 갈망했다는 소리야?
장님	그들은 진정한 위안을 갈구했소.
넷	낙이 없어. 사는 게 사는 것 같지 않다고.
다섯	죽지 못해 사는 거지 뭐.
하나	아무 것도 느낄 수 없어.
둘	짜릿한 거, 뭐 없을까?
셋	우울해요. 너무 슬퍼서 미칠 것 같다고요.
넷	두렵습니다. 누군가 날 죽이려고 쫓는 것 같다고요.
다섯	뭔가 간절히 원하는 것 같은데 그것이 뭔지 모르겠어요.
장님	그래서 난 채찍을 들 수밖에 없었소.
검사	가증스런 변명이야.
장님	처음부터 채찍을 든 건 아니었소. 누구나 그렇듯이 나도 맨

주먹으로 시작했소. (어둠을 향해) 손님, 어깨근육이 많이 굳
었네요.

하나 (걱정 섞인 말투로) 그래요?

장님 늘 어깨가 뻐근하고 이따금 통증을 느끼시죠?

하나 맞아요.

장님 사무직에 종사하시나 보죠?

하나 이 양반 점쟁이네.

장님 15년 넘게 안마를 해왔는걸요.

하나 뭉친 근육, 잘 좀 풀어주쇼. (키득거리더니) 우습군, 얼마 후
면 사후경직을 일으킬 몸뚱이에 집착하다니.

장님 무슨 말씀이신지?

하나 죽기 전에 뭔가 하고 싶더라고. 둘러보니 안마시술소 간판
이 눈에 들어오더군. 내게 있어 안마는 최후의 만찬인 셈이
지.

(장님, 침묵할 뿐)

하나 왜, 내 말이 농담으로 들리쇼?

장님 죽음밖엔 길이 없나요?

하나 상실감이 너무 커.

장님 뭘 잃어버리셨는데요?

하나 희한하게도 그걸 모르겠다니까. 상실감이 너무 커서 도무지
살아 있는 걸 느낄 수 없는데, 무엇을 잃어버렸는지 알 수
가 없어. 관두쇼. 얼른 가서 생을 마감해야겠소.

장님 (다급하게) 손님, 잠깐만요. (검사에게) 뇌리 속에서 섬광 같은
게 터졌소. 그에게 뭔가 해줄 수 있을 것 같았소.

하나	저리 비켜!
장님	저에게 한번만 기회를 주시겠습니까?
하나	날 막을 생각 마!
장님	(검사에게) 나도 모르게 주먹이 나갔소.
하나	(고통스런 신음을 토하더니) 무슨 짓이야, 미쳤어?
장님	흠씬 두들겨 팼소.

(하나, 연신 비명을 지른다.)

장님	눈에 뵈는 게 없으니까 주먹질이 한결 수월하더군.

(하나, 오열하기 시작한다.)

장님	나는 그것이 참회의 눈물이라고 믿고 싶소.
검사	사람을 두들겨 패놓고서 참회의 눈물! 지나치게 뻔뻔하다고 생각지 않나?
하나	(울먹이는 소리로) 이제야 비로소 알았어요. 내가 뭘 잃어버렸는지 이제 알겠다고요.

(하나의 울먹임은 차츰 감동으로 번지는가 싶더니 격한 감동을 넘어 삶의 환희로 극에 달한다.
그런 가운데—)

검사	너 같은 사기꾼 많이 보았어. 요즘 사기꾼들은 심리학을 전공한 학사 출신보다 능수능란하더군.
장님	사기라도 해도 좋소. 어차피 이 세상은 환상으로 가득하니

까.

검사	넌 불쌍한 메저키스트를 농락한 거야.
하나	삶이 이렇게 감동적인 거라니, 참으로 놀랍습니다.
장님	그것은 쾌감과는 거리가 멀지. 오늘의 우리의 삶은 쾌감 일변도로 변질되었고 왜곡되었소. 그 왜곡이 부조리한 환상의 양산체제를 갖춘 셈이오.
검사	너 또한 부조리한 환상의 양산체제를 갖춘 셈이군.
하나	선생님, 제 친구를 데리고 왔습니다.
장님	(어둠을 향해) 누구요?
하나	저와 같은 상실감에 허덕이는 친구입니다.
둘	(하나에게) 이봐, 난 그냥 가는 게 낫겠어. 변태성욕자의 농간에 놀아나고 싶지 않아.
검사	사실을 직시하는 사람도 있었군.
하나	(둘에게) 어허, 그러지 말고, 내 말 한번 믿어보라니까.
둘	믿을 수 없어. 구타를 당한다고 깨달음을 얻게 되다니, 말도 안 돼, 이 친구야.
하나	속는 셈 치고 딱 한번만 맞아보라니까.
둘	저 채찍, 무지 아프겠는걸. 갈래.
검사	올바른 선택이야.
장님	(어둠을 향해) 가시오. 그대는 지나치게 감각을 추구한 나머지 무감각해졌소.
둘	내가 무감각하다고? 허튼 수작 마시오. 난 식도락가이며 클래식 애호가이기도 하지. 미세한 맛의 차이도 놓치지 않아, 이거 왜 이래!
장님	(어둠을 향해) 그렇다면 이걸 느껴 보시오. (어둠을 향해 채찍을 휘두른다.)

둘	으악! 날 쳤어. 뭐야, 피가 나잖아. 너 이 자식, 고발할 거야!
장님	아직 제대로 느끼지 못하는군. (다시 어둠을 향해 채찍질한다.)
둘	(어둠을 찢어발길 듯 비명을 지르더니) 뭐야, 이 기분. 알 수가 없네.

(장님, 다시 채찍을 휘두른다.
윽! 어둠 속에서 비명이 튀어나오더니 한동안 침묵이 흐른다.)

둘	이봐, 친구!
하나	느껴지나?
둘	자네가 말한 게 바로 이거였군.
하나	마침내 눈을 떴군.
둘	선생님, 저를 한 번 더 채찍질해주세요.

(장님, 어둠을 채찍질한다.)

둘	내가 얼마나 무감각하게 살아왔는지 알 것 같아. 이게 바로 진정한 감각이야.
셋	이거였어. 바로 이거야. 온몸을 저미어 드는 이 느낌에 비로소 나는 기나긴 잠에서 깨어났어.
넷	다시 태어난 느낌이야.
다섯	이것은 깨달음이야!
검사	다들 미쳤군. 환장했어!
하나	쾌락은 가라!
둘	거짓된 행복으로부터 해방하라!

셋	오직 진리를 추구하라!
넷	오, 신이시여!
다섯	채찍을 허락하소서!
검사	(자리에서 벌떡 일어나며 버럭) 그만, 그만! 입 닥쳐! 왜들 저래? 왜들 저러냐고!

(검사, 휘청한다. 몹시 혼란스럽다.
자신을 추스르려 애쓰다가 부릅뜬 눈으로 장님을 노려본다.)

검사	도대체 저들에게 무슨 짓을 한 거요?
장님	난 가엾은 형제들의 죄의식을 일깨워줬을 뿐이오.
검사	죄의식? 그건 누구나에게 있는 거야. 인간이라면 누구나 죄의식을 느끼지.
장님	과연 그럴까요?
검사	하긴 너 같은 놈은 죄의식이 뭔지 죽었다 깨나도 모를걸.
장님	오늘날 우리에겐 범죄가 있고 법이 있을 뿐, 죄의식은 없소. 체계적인 법이 죄의식을 집어삼켰기 때문이오.
검사	가당치 않은 소리 말아.
장님	단지 처벌이 있을 뿐이지 죄의식은 없소. 증거가 없으면 죄가 없소. 양심이 있어야 할 자리에 증인이 서 있지.
검사	개소리 마! 검사 생활한 지 십 년이 넘었어. 범죄자라면 지긋지긋하게 겪어봤어. 물론 파렴치한 놈들이 훨씬 많지만 더러는 자신의 죄를 진심으로 뉘우치기도 해. 미궁에 빠졌던 연쇄살인이 살인범의 자수로 해결된 적도 있어. 살인범은 죄의식을 견디지 못해 자수한 거라고.
장님	단정적으로 말하지 마시오.

검사	그게 아니라면 뭐야?
하나	살인이라는 게 처음엔 제법 재미가 있었는데 가면 갈수록 너무 간단하고 시시했어. 경찰과의 숨바꼭질도 시큰둥해지더군. 뭔가 느껴보고 싶었어. 강렬하고 짜릿한 뭔가를 느껴보고 싶었어. 그래서 자수했어. 제기랄! 근데 이게 뭐야? 내일이면 교수형을 당하는데, 아직도 난 그것이 뭔지 모르겠어. 아직 희망을 버리진 않았어. 올가미가 내 목을 바짝 조이는 순간 나는 그것을 느낄 수 있을지 몰라.
장님	법이란 건 엄청난 마력을 지닌 괴물이오. 모든 걸 집어삼키지.
검사	이 나라는 법치국가야.
둘	법 앞에서 만인이 평등하다네!
장님	억지스럽게 죄의식을 법의 테두리 안에 우겨넣은 게 잘못이오. 그 때문에 죄의식은 압사당한 거요.
셋	법은 이 사회를 떠받치는 기둥!
검사	그따위 망발을 내뱉다니, 스스로 사형대 위에 오르는구나.
하나	세상에 이런 법은 없는 거라고!
장님	마녀사냥이라도 할 셈이오?
둘	이게 될 법이나 한 소리야?
검사	뭐, 마녀사냥!
장님	당신이 날 사형대 위에 올릴 순 있겠지. 하지만 날 심판했다고 생각한다면 오산이오. 본디 죄는 법으로 논할 수 없는 거요.
셋	당신은 법 없이도 살 사람이지.
검사	처음부터 끝까지 괴변만 늘어놓는군. 역시 사이비교주 답군.

장님	당신은 성직자요, 광신도요?
검사	난 대한민국 검사다.
장님	스스로 죄를 인정하고 싶은 생각은 없소?
넷	자백하라. 자백하라!
다섯	털어서 먼지 안 나오는 사람 없어!

(검사, 권총을 꺼내 장님을 겨냥한다.)

하나	쏴, 한방에 보내 버려.
둘	죄 사함을 받을 지어다!
검사	이 새끼, 죽고 싶어! 대한민국 검사를 우롱하는 거야? 똑똑히 들어. 넌 피의자고, 검사인 내가 널 심문해.
장님	오직 죄의식만이 날 심문할 수 있소.
셋	너의 죄를 사하여 주겠노라.

(검사, 장님에게 달려들어 권총으로 장님의 머리를 후려친다.
바닥에 쓰러지는 장님.
검사, 장님의 멱살을 잡고 거칠게 일으켜 세워 자리에 앉히고는)

검사	명심해. 내가 널 심문해. 내가 널 심문한다고!
넷	법대로 해. 법대로 해!

(검사, 자신의 자리로 돌아와 앉고는 성난 눈으로 장님을 응시한다.
피로 얼룩진 장님의 얼굴)

검사	어때, 얻어터지니까 강렬하고 짜릿한 게 느껴지나?
장님	마음이 한결 편하오.
검사	대한민국 검사를 우롱한 대가야.
장님	나를 벌할 수 있는 것은 오직 죄의식뿐이오.
검사	내 인내력을 시험하지 마.
장님	당신 스스로가 시험하는 거요.
검사	닥쳐! (권총을 움켜쥐고 방아쇠를 당길 듯)
하나에서 다섯까지	쏴! 쏴! 쏴!
장님	이제 그만 하시오.
검사	감히 나에게 명령하는 거야!
장님	더 이상 자신을 시험하지 말고 방아쇠를 당기시오.
하나에서 다섯까지	당겨! 당겨! 당겨!

(검사, 천천히 권총을 탁자 위에 내려놓고는)

검사	이렇게 살의를 느껴본 건 처음이야. 나답지 않은 행동이었어. 난 법률의 의거해서 살아왔는데, 여태까지 법에 저촉되는 어떤 행동도 한 적이 없어.
장님	그것이 당신의 죄인지도 모르지.
검사	(어금니를 깨물고 울분을 참으며) 똑똑히 지켜보지. 사형장에 가서 겁에 질려 벌벌 떠는 니놈 모습을.
다섯	겁에 질린 나머지 오줌을 질질 쌀 걸.
장님	난 교수형에 처해지지 않을 것이요. 그 총에 의해 생을 마감할 것이요.
검사	(사납게 노려보더니) 솔직히 인정하지. 널 쏠 뻔했어. 법복을 벗고 탄알로 니놈 심장을 박살내고 싶어. 하지만 난 그렇게

	하지 않아. 난 검사니까.
장님	내 생이 거의 끝나가고 있소.
검사	그래, 너의 생은 법률의 틀 안에서 끝날 거야.
장님	어떤 법도 나를 심판할 수 없소.
검사	(버럭) 허튼 소리 마! 내가 널 죽이고 싶도록 미워하는 이유는 몇 건의 살인 때문이 아니야. 법을 조롱하는 너의 오만방자한 태도 때문이야.
장님	그 총으로 날 쏘시오. 이제 그만 쉬고 싶소.
검사	난 살인은 하지 않아. 법을 집행할 뿐이야.
장님	법조계에서는 킬러로 통하는 걸로 알고 있는데.
검사	지금 날 비웃는 거야?
장님	들리는 소문을 말했을 뿐이오.
검사	솔직히 말하면 킬러라는 별명 사양하고 싶지 않아. 간혹 교묘히 법망을 피해가려는 교활한 작자들이 있지. 허나, 그런 자들도 내 손에 걸리면 어림없어. 죄를 졌으면 응분의 대가를 받아야지. 그런데 현재의 법은 너무 관대해. 죄지은 놈에게 인권 같은 게 무슨 필요가 있어.
하나	눈에는 눈! 이에는 이!
장님	죄라는 게 뭐라고 생각하시오?
검사	이 자식 봐라. 말했잖아. 심문은 내가 해!
장님	죄라는 건 말이오.
검사	(장님의 따귀를 갈기고) 감히 누굴 가르치려고 들어!
장님	죄라는 건
검사	입 닥쳐!
장님	자기 자신으로 존립하려는 것 자체가 죄요.
검사	(탁자를 내리치며) 닥쳐!

장님	자백하시오.
둘	자백하라!
검사	뭐야!
셋	인정하라!
장님	자기 자신을 똑바로 보란 말이오.
넷	불어!
검사	개소리 마!
다섯	실토하라!
장님	수많은 법조항으로 매장시킨 당신의 죄의식을 파헤쳐 보란 말이오.
하나에서 다섯까지	이제 그만 털어놓으시지!

(긴장된 사이
검사, 갑자기 웃음을 터뜨린다.
검사, 한동안 자학적으로 웃더니 발악적으로 장님을 노려본다.)

장님	날 노려보지 말고 자신을 응시하시오.
검사	너, 혹시 장님 아닌 거 아니야?
장님	밖을 볼 수 없지만 안을 보는 데는 지장 없소. 정상인들보다 더욱 명확하게 자신을 직시하고 있다고 해도 틀린 말은 아닐 거요.

(검사, 폭발한 것 같더니 이내 맥이 빠진다.)

검사	(하소연하듯이) 도대체 내가 무슨 죄를 지었다고 그래?
장님	죄라는 것은 행위가 아니야.

검사	행위가 아니면 뭐야?
장님	죄는 인식이고 의식이오.
검사	괴변이야. 개똥철학이야.
장님	자기 자신을 인식하는 순간에 죄의식을 느끼게 되었고, 그것이 인간의 시발점이오.
검사	과대망상중 환자군.
장님	고무적이오.
검사	뭐가 고무적이라는 소리야?
장님	차츰 죄의식을 회복하고 있군?

(검사. 장님의 말에 찔린 듯 움찔한다.
다음 순간에 검사, 장님의 채찍을 집어 든다.
검사, 채찍으로 사정없이 장님을 후려친다.
한 번! 두 번! 세 번! 네 번!
채찍질에 온몸을 맡긴 장님의 얼굴에는 고요와 온유함이 깃들어 있다.
그에 반해 채찍질하는 검사의 얼굴은 고뇌와 동요로 형편없이 구겨진다.
다섯 번! 여섯 번!
검사, 살을 저미어드는 것 같은 괴로움에 채찍을 떨어뜨린다.)

장님	이제 아시겠소. 나의 고통을.

(검사, 엄청난 충격에 공황상태에 빠진다.
검사, 숨을 헐떡거리더니 부들부들 떨리는 손으로 가슴을 쥐어 뜯는다.)

장님	하루도 거르지 않고 채찍을 들어야 했소. 단 하루만이라도 쉬고 싶었지만 나의 형제자매들은 채찍질을 희구했소. 그들의 간절함을 외면할 수 없었소.
하나	저희에게 안식을 주소서.
둘	저희 죄를 사하여 주소서.
검사	거짓말.
장님	괴로웠소. 나의 짐이 너무 무거웠소.
셋	채찍의 세례만이 우리를 구원할 수 있습니다.
검사	거짓말.
넷	피 흘림으로 더럽혀진 몸뚱이를 씻고 싶습니다.
다섯	채찍질로 죄의식을 일깨워주소서.
검사	거짓말! 새빨간 거짓말이야!
장님	그들은 팽이 같았소. 팽이채로 얻어맞아야만 몸을 세우고 돌 수 있는 팽이 같았소.
하나	죄의식 위에 굳건히 서고 싶습니다, 선생님.
검사	믿을 수 없어.
장님	믿을 수 없었소.
둘	저희에게 일용한 양식을 주소서.
장님	내가 바란 것은 그것이 아니었소.
셋	채찍질로 이 괴로움을 덜어주소서.
장님	난 단지 그들에게 조그만 위안을 주고 싶었을 뿐이오.
넷	저의 죄가 너무도 크고 무겁습니다.
장님	그들은 마약환자 같았소.
다섯	감당키 힘듭니다. 인간으로 산다는 게 이다지도 힘들단 말입니까.
장님	그들은 금단증세에 허덕였소.

하나에서 다섯까지   저희에게 채찍을! 저희에게 채찍을!

검사   나를 겁줄 생각 마.

하나에서 다섯까지   오직 채찍질만이 우릴 살릴 수 있습니다!

장님   두려웠소.

검사   난 두렵지 않아.

장님   난 안마사요. 단지 작은 위안을 주고 싶었을 뿐인데, 그들에게 너무도 큰 짐을 지게 한 것이오.

검사   그만해.

장님   그렇소. 팽이증후군, 그것은 무서운 전염병이오.

(하나에서 다섯까지, 상처 입은 짐승처럼 울부짖는다.)

검사   그만, 그만해. 제발!

장님   내가 가장 두려워하는 것은 이 전염병이 확산되는 것이오.

(하나에서 다섯까지의 어둠 속 아비규환!)

검사   (괴로움에 몸부림치며) 제발 날 가만히 내버려둬.

장님   그것은 광기였소.

검사   날 좀 가만 내버려두란 말이야!

(하나에서 다섯까지 한 순간에 침묵한다.
팽팽한 긴장이 무대를 장악하는가 싶더니
정적 앞에 무릎을 꿇는 검사)

장님   일어서시오. 때가 이르렀소.

(검사, 고개를 조아리며 오열한다.
참회의 눈물을 흘리는 검사)

장님　어쩌면 인간의 역사는 죄의식으로부터 달아나기 위한 필사적인 몸부림이었는지도 모르오. 십자가도 있었고 면죄부도 있었고 고행성사도 있었소. 하지만 그다지 성공적이지 못했소. 오늘날에 와서야 우리는 물질로 죄의식을 매장할 수 있게 되었소. 죄의식 대신 쾌감을 즐기고 가상공간에 푹 **빠져** 살지.

(검사, 울음을 그친다.
서서히 일어서는 검사)

장님　행하시오.
검사　(안간힘으로) 믿을 수 없어.
장님　인정하시오.
검사　(발악하듯이) 너나 인정해. 이 세상을 지배하는 것은 법률이야. 난 널 기필코 법정에 세울 거야.
장님　그렇다면 당신은 어디에 설 것이오?
검사　당연히 검사석이지.
장님　똑바로 보시오. 지금 당신이 어디에 서 있는지.

(검사, 질끈 눈을 감고 고개를 내젓는다.)

하나　똑바로 봐!
둘　인정하라고!

셋	인간은 죄의식 위에서만 존립할 수 있어!
넷	죄의식을 망각하면 뿌리 뽑힌 나무와 같지.
다섯	자신을 직시하란 말이야!
검사	아니야. 아냐!
하나	넌 왜 그렇게 권태롭지?
검사	아냐.
둘	넌 왜 그렇게 공허하지?
검사	그렇지 않아.
셋	영락없이 허공에 매달려 있는 꼴이잖아.
검사	아니란 말이야!
넷	차라리 품질보증 마크를 찍지 그래?
검사	난 사법고시를 패스했어.
다섯	내게 거짓말을 해봐!
검사	난 오직 진실만을 말해.
하나에서 다섯까지	죄의식만이 진실이야.
장님	인정하시오, 당신의 죄를.
검사	도대체 내가 무슨 죄를 지었다고 그래?
장님	좀 전의 것은 악어의 눈물이었소?
검사	괴로웠어. 괴로워서 울음을 참을 수 없었어. 하지만 그 괴로움이 죄의식에서 비롯된 건 아니야.
장님	진심이오?
검사	날 심문하지 말랬지.
장님	그렇다면 채찍을 집어 보시오.
검사	싫어.
장님	왜 두렵소?
검사	지금 날 시험하는 거야?

장님	시험은 이미 끝났소. 행하시오.
검사	뭘 행하라는 거야?
장님	알면서 뭘 묻소.
검사	어림없는 소리 말아. 나는 법률에 의거해서 행동할 뿐이야.
장님	아직도 모르겠소. 당신은 지금 죄의식에 뿌리박고 있소.
검사	난 양심적인 사람이야.
장님	그래요. 그렇다면 채찍을 들어보시오.
검사	이 까짓 거 내가 못 들 것 같아.

(검사, 바닥에 떨어진 채찍을 집어 든다.)

검사	(보란 듯이) 이것 봐. 그대가 장님이라는 사실이 원통하군.
장님	훤히 보입니다. 두려움에 떠는 당신 모습이.
검사	젠장!

(검사, 걷잡을 수 없는 울분에 사로잡혀 장님을 채찍질하려 한다.
하지만, 검사는 자신의 하반신을 가혹하게 채찍질하고 만다.
검사, 자신의 행위에 경악한다.)

검사	도대체 내게 무슨 짓을 한 거야? 무슨 짓을 한 거냐고?
장님	미안하오. 당신을 사형집행인으로 선택해서.
검사	이제까지 날 갖고 논 거야?
장님	미안하오, 당신을 채찍질해서.
검사	뭐? 채찍질은 내가 했어?
장님	눈에 보이지 않는 채찍질도 있지.

검사　　　　내가 팽이란 소리야?

장님　　　　미안하오. 이제 행하시오.

하나　　　　사형!

검사　　　　내가 꼭두각시인 줄 알아!

둘　　　　　사형을 집행하시오!

검사　　　　난 팽이가 아니야.

셋　　　　　넌 팽이야!

넷　　　　　뱅뱅 돌지. 어지럽게 맴을 그리지.

검사　　　　싫어. 안 해! 못 해!

다섯　　　　뱅뱅뱅뱅뱅뱅뱅!

장님　　　　거역할 수 없소. 아까부터 당신은 돌기 시작했소.

검사　　　　뭐?

하나에서 다섯까지　　뱅뱅뱅뱅뱅뱅뱅!

(검사, 새삼 다른 눈으로 자신을 본다.

검사, 거역할 수 없는 힘에 이끌린 듯 탁자를 향해 다가간다.

무진 안간힘을 저항해 보지만 어쩔 수 없이 권총을 잡는다.)

검사　　　　(공포에 사로잡혀) 이러지 마! 날 살인자를 만들지 말라고!

장님　　　　죄의식보다 강력한 힘은 없소.

(검사, 강력한 힘에 밀려 권총으로 장님을 겨냥한다.)

검사　　　　너, 뭐야? 정체를 밝혀!

장님　　　　눈에 뵈는 게 없는 장님이지. 행하시오.

하나에서 다섯까지　　쏴! 쏴! 쏴! 쏴! 쏴!

(검사, 천천히 방아쇠를 당긴다.

탕 소리와 함께 무대 암전 된다.

어둠 속에 정적이 깔리는가 싶더니)

하나에서 다섯까지   뱅뱅뱅뱅뱅뱅뱅! 뱅뱅뱅뱅뱅뱅!

검사   (소리) 날 멈추게 해줘. 너무 어지러워. 누가 날 좀 멈추게
해줘!

— 종결

　　12월에 접어들면서 내가 사는 전주에는 끊임없이 폭설이 쏟아졌다. 엄청난 눈발은 만년설 같았고 기억상실증 같았다. 나는 세상으로부터 까마득히 멀어졌다. 세상을 잊었다, 생각했고 만년설 속에 나를 파묻었다, 생각했다. 나는 완강하게 세상으로부터 돌아앉아 창작에 몰두했다. 그런데 만년설을 뚫고 기억상실증을 깨고 조선일보사에서 전화 한 통이 왔다. 당선통보를 받는 순간, 세상이 날 잊지 않았구나, 하는 생각을 했다. 나는 인정받고 싶었다. 작가로서 존중받고 싶었던 것은 아니었다. 다만 내가 치열하게 창작하고 있다는 것을 알아줬으면 했다. 하지만 다들 불신의 눈초리로 나를 바라보았다. 늘 믿음으로 날 감싸안아준 아내에게 사랑을 전한다. 청정한 아내가 있어 나의 가난은 넉넉하다. 그리고 아낌없이 창작의 텃밭이 되어주신 아버지와 어머님께 이 영광을 드리고 싶다. 오늘의 결실은 부모님이 있었기에 가능했다. 간절한 기원으로 사위의 앞길을 밝혀주신 장모님께 깊이 감사드린다. 큰누나, 작은누나, 윤정, 희윤, 그리고 나의 조카들과 오늘을 함께하고 싶다. 마지막으로, 각오를 새롭게 하여 귀한 지면에 돋을새김 한다. 나는 죽는 날까지 최선을 다해 참된 글을 쓸 것이다.

■ 심사평

　연극은 시대의 거울이다. 너무 흔한 말이 되었지만 지금도 그 말은 유효하다. 더구나 시대가 혼탁할수록 우리 모습이 뚜렷하게 비춰 보이는 거울을 간절히 바랄 것이다.

　올해 응모작들 중에서 그러한 거울을 여럿 발견할 수 있었다. 〈국가코드 122〉, 〈선물〉, 〈오늘도 기차는 달린다〉, 〈꿈을 파는 남자〉, 〈죽기살기〉, 〈팽이증후군〉, 〈아주 특별한 만찬〉 등은 우수한 희곡들이다. 그러나 까다로운 최종심에서 이런저런 이유로 탈락하고, 다음 세 작품이 마지막까지 남았다.

　강경은 작 〈아주 특별한 만찬〉은 어린 시절 도움을 받았던 사람과 도움을 주었던 사람이 훗날 만났을 때의 미묘한 심리묘사가 탁월하다. 하지만 연극으로 공연할 경우, 그 미묘함이 자칫 밋밋하게 보일 우려가 크다. 박노현 작 〈죽기살기〉는 죽으려는 자를 살려내는 기발한 착상과 해학적인 인물설정이 돋보인다. 그러나 하고 싶은 말이 너무 많아서 작품의 길이가 응모 규정 이상으로 늘어졌다. 산뜻하게 쳐내면 뛰어난 희곡이 될 것이다.

　최일걸 작 〈팽이증후군〉은 범죄자도 죄의식이 없고 법집행자도 죄의식이 없는 지금 우리 시대의 핵심문제를 통렬하게 짚어낸다. 등장인물인 목소리 하나에서 다섯까지는 희랍극의 코러스, 또는 서사극의 코러스 역할이다. 바로 이것이 이 작품의 독특한 형태를 만든다. 우리는 〈팽이증후군〉을 당선작으로 뽑는다. 뚜렷하게 우리 모습이 비춰보이기 때문이다.

[심사위원=임영웅 · 이강백]

한국일보 희곡 부문 당선작

시동라사

■

김 은 성

1977년 4월 전남 보성군 출생
서울 중화고 졸업
동국대 북한학과 중퇴
한국예술종합학교 연극원 연출과 4학년 재학중

등장인물

임공우　재봉사. 정옥의 남편
강정옥　공우의 아내
성현기　공무원
고상오　군인. 공우의 동창
김갑원　전파사 주인. 공우의 후배
박승조　세탁소 주인. 공우의 제자

때

현대, 겨울

곳

강원도 홍천의 한 소읍(小邑) 시동(詩洞)에 있는 양복점

무대

무대는 '시동라사' 내부로 구성된다.
나무로 된 미닫이 출입문.
나무 창틀. 창밖을 향해 서 있는 마네킹 한 쌍.
우측에 다림대와 업소용 세탁기.
다림대 위에는 스팀다리미 두 대와 수북한 옷.
좌측에 옷감을 재단하고 재봉하는 재단대.
재단대 위에는 단추를 크기와 색깔별로 담아둔 깡통, 실통에 촘촘하게 감긴 다양한 색상의 실들, 여러 종류의 바늘들이 꽂혀 있는 바늘꽂이, 재단 가위, 초크, 여러 모양의 자, 세수 대야, 옷솔, 우마 등 자질구레한 도구들이 많음에도 불구하고 지나칠 정도로 깔끔.
재단대 앞에는 수동식 재봉틀 한 대. 재봉틀 앞에는 소파와 탁

196

자.

탁자 위에는 전화기, 재떨이, 주전자, 물 컵.

탁자 옆에는 작은 전기난로.

좌측 벽면에는 양복 옷감을 진열해 놓은 진열장. 그 속에 비스
듬하게 세워진 산탄총.

진열장 위에는 양복 포장용 빈 상자들이 수북.

선반에 매달려있는 브룩실즈와 베에토벤의 초상화.

우측 벽면에는 세탁된 옷들을 걸어두는 옷걸이. 그 옆에 전신거
울.

옷걸이 위에는 '시동상조회' 달력과 '축 개업, 1985.4.7' 찍힌 유
리 덮개에 금이 가있는 벽시계.

다림대와 재단대 사이에 살림방과 부엌으로 연결되는 쪽문.

쪽문 위의 벽면에 붙은 '정숙하라' 액자.

1.

해질 무렵

어둑한 실내에 스며드는 노을.

임공우, 옷을 다리고 있다.

다림대 위에 쌓인 옷들.

바지 한 벌을 집어 든다.

쇠줄이 달린 디스코 풍의 바지.

임공우　　이게 옷이야?

바지를 한 쪽으로 밀어버린 후 다른 옷을 집어 든다.

하얀색 와이셔츠.

다림질을 하다 말고
꼼꼼하게 살펴본다.
뒤집어서 메이커라벨을 찾아본다.

임공우   마에스트로?
솜씨는 좀 있네.
지문이 없어.
바늘 지난 길에 사연이 안 보여.

임공우, 고개를 돌려 휑한 재단대를 본다.
다리미를 놓고 다림대를 빠져나온다.
담배를 물고 출입문을 연다.
찬바람이 들어온다.
문을 닫고 다림대로 돌아온다.
다리미를 들다 말고 힐끔 시계를 본다.
신경질적으로 다림질을 한다.
잠시 후
강정옥, 군복을 들고 들어온다.

강정옥   춥다.

강정옥, 군복을 슬쩍 세탁기 앞에 놓는다.
임공우, 넌지시 군복을 들춰 명찰을 확인한다.
강정옥, 주머니 속에서 약봉투를 꺼낸다.
임공우, 약(신경안정제)을 받아 서랍 속에 넣는다.

강정옥   줄이래요. 김약국이.

임공우	…
강정옥	하루에 한 알 넘기지 말라고.
임공우	그럼 두 알씩 넘길까.
	영감탱이, 팔지를 말든가.
강정옥	…
임공우	내일 뭐 있대?
강정옥	네?
임공우	고상사.
강정옥	홍천에서 조합장 취임식 있다고
임공우	어디서 만났어?
강정옥	약국 앞에서. 내일 아침까지 다려 달라고
임공우	또 관사까지 따라갔어?
강정옥	오늘 당직이라서 바쁘다고.
임공우	이 씨바랄 새끼를.
강정옥	민형이 엄마도 있었어요.
임공우	안 받는다니까. 받아오지 말라니까.
강정옥	알았어요. 알았어.
임공우	거, 군바리 새끼들하고 말도 하지마.
강정옥	그래도 당신 솜씨가 좋다고.
임공우	지미, 아무것도 모르는 놈들이 무슨,
	평생 양복 한 벌 해 입을 줄 모르는 촌놈들.
강정옥	양복은 아무나 입나?
	어울려야 입지.
임공우	(군복을 다림대 위에 펴며)
	하긴, 고상사 이 멧돼지한테는 이 게 털이다. 지 털.
강정옥	둬요. 있다가 내가 할 테니까.

임공우	됐어.
강정옥	춥다. 김치죽 끓일까? 청양고추 송송 썰어 넣고.
임공우	장갑 끼고 다녀.
	저번에 홍천 갔다 사다준 거 있잖아.
강정옥	김치죽 끓여요.
임공우	알아서 해.

강정옥, 쪽문을 열고 방으로 들어간다.
임공우, 군복을 다린다.
고상오, 출입문을 열고 들어온다.

임공우	충성! 근무 중 이상무.

고상오, 대충 거수경례로 답한 후 다림대 위에 놓여있던 군복
바지를 들어 주머니를 뒤진다.

고상오	휴, 여 네.
	(음어표를 꺼내, 입고 있던 야전상의 속주머니에 집어넣는다.)

고상오, 바지를 다림대 위에 놓으며 공우가 다리고 있던 상의를
살펴본다.

고상오	꽁우! 잘 하고 있나?
임공우	넉 줄 맞잖아? 저번에 내가 잡은 건데 뭐.
고상오	잘 좀 해봐 임마. 좀 색다르게. 맨 날 하는 식으로 하지 말고.
임공우	군복이 거기서 거기지 뭐.

고상오	쫌 폼나게 해봐. 소매도 쫙쫙 각지게. 대충대충 하지 말고. 스팀 팍팍 줘 가면서…
임공우	근데 그거 뭐야?
고상오	뭐?
임공우	뭔데? 지갑?
고상오	넌 몰라도 돼.
임공우	수첩? 편지 같던데.
고상오	일급비밀이다.
임공우	비밀? 뭔데? 아, 좀 봐봐.
고상오	허허, 옷이나 다려.
임공우	오늘 당직이라면서? 애들 시키지. 뭘 이렇게 쌩돈을 들여.
고상오	몇 푼이나 된다고.
	야, 꽁, 대한민국 육군이 옷이나 다리고 있어서야 되겠냐?
	난 우리 애들, 원래 기집들이 하는 일은 안 시킨다.
임공우	왜? 취사병들도 있는데.
고상오	쯧쯧쯧. 그거랑 이거랑 같냐? 짜식이 군대를 갔다 와 봤어야 알지.
	그리고 임마. 너 어려운 거 알어, 마.
	중학교 동창인데 돕고 사는 거지.
	요즘에 누가 양복을 해 입냐? 이 구석탱이에서.
	부대에서 나오는 일감이라도 있어야 먹고 살지.
	다 알어 임마.
	아예 간판도 세탁소로 바꿔. 확실하게. 분명하게!
	내가 아는 공무원들, 우체국, 면사무소…
	여기저기서 일 팍팍 떼다 줄 테니까.
	마, 오토바이 두고 뭐하냐? 시동, 북동, 서동, 남동…

하루에 두 번씩만 긁어모아도.

짜식이 야망이 없어. 넓혀봐. 임마. 넓혀. 남자는 말이야…

강정옥, 쪽문을 열고 나온다.

고상오   아이고, 강여사님!
강정옥   오셨어요. 바쁘시다고 하시더니.
고상오   하하하. 강여사 얼굴 다시 보고 싶어서 왔습니다.
          어째 점점 이뻐지십니다.
          혹시 우리 콩우 몰래 연애하시는 거 아닙니까? 하하하.
임공우   (버럭) 아, 옷 받을 때 주머니 확인 안 해?
강정옥   (고상오를 향해) 어머, 뭐가 딸려 왔어요?
고상오   아닙니다. 아무 것도. 하하하. 제 마음이 딸려왔나 봅니다.
          하하하.
          시동의 모나리자 아니십니까? 하하하.
          콩우야, 넌 좋겠다. 부럽다, 부러워. 하하하.

고상오, 지갑을 펼쳐 만원 지폐 두 장을 쓱쓱 꺼내 강정옥의 손
에 쥐어준다.

강정옥   오천원이면 되는데.
고상오   괜찮습니다. 받아두세요.
          팁입니다. 팁.
강정옥   저녁 아직 안 하셨죠?
          김치죽 끓이는데 드시고 가세요.
고상오   괜찮습니다. 물이나 한 잔.

강정옥, 탁자위에 놓여있는 주전자와 컵을 들어 물을 따른다.

고상오   (핸드폰을 꺼내 전화를 건다.)
야, 일직병장 바꿔봐! 나야, 주임상사.
오늘 점호시간에 복장점검 할 테니까
전투복 A급부터 C급까지 전부 침상에 깔아놔.
전투모, 하이바, 명찰표, 주기표, 전부 체크 할 테니까
오바로크 및 수선 필요한 것들 조사해놓고,
그래, 그렇지.
이번 주말에 세탁소에 전부 맡길 테니까.
아, 시동라사.
이상. 금방 들어간다. 뭐? 말해봐, 임마. 뭐 사다줘?
쵸코파이? 순대? 이 새끼들이… 그래, 그래 알았어. 말해봐.
알았다. 알았어. 전투화 확실하게 닦아 놔라.

강정옥, 통화가 끝날 때까지 컵을 들고 기다린다.

고상오   (물을 마신 후) 잘 마셨습니다. 그럼 다음에 또 뵙겠습니다.
야, 꽁! 간다.
임공우   아, 뭔데?
고상오   뭐가?
임공우   편지.
고상오   비밀이라니까 그러네. 자꾸.
임공우   장난치지 말고.
고상오   이거 아무한테나 보여주면 안 되는 거야 임마.
강정옥   뭔데요?

임공우   봐봐. (고상오의 옷 속으로 손을 집어넣으며)

고상오   (도망가며) 히히히.

          (음어표를 꺼내 보여주며) 그래 편지다 편지. 절대보안.

임공우   그거 아니었잖아?

고상오, 출입문을 열고 나간다.

임공우   두더지 같은 새끼.

강정옥, 쪽문을 열고 들어간다.
임공우, 다시 다리미를 잡는다.
물 대신 퉤퉥~ 침을 뱉으며 군복을 다린다.
다림질을 하다 말고 서랍을 열어 약을 꺼낸다.
두 알을 삼킨다.
강정옥, 김치죽을 들고 나온다.
탁자 위에 상을 차린다.

강정옥   으흠, 맛있겠다. 잘 퍼졌네. 드시고 하세요.

임공우, 탁자 앞에 앉는다.

임공우   서운하겠네.

강정옥   …

임공우   못 먹고 가서.

강정옥   맛있다. 얼큰하다.

임공우   둘이 참 잘 어울리데. 실실 웃으면서.

강정옥	먹어요. 식기 전에.
임공우	비밀이라도 있나봐.
강정옥	먹어요. 응?
임공우	왜? 아예 부대로 찾아가. 담 넘어서 들어가.
강정옥	왜 그래요. 또.
임공우	갔다 줘. 가서 떠 먹여줘.

임공우, 탁자를 엎는다.

2.

새벽. 캄캄한 실내.
임공우, 소파에 웅크리고 있다.
정옥의 속치마를 코에 대고 자위를 하고 있다.
잘 되지 않는다. 몸을 뒤척이며 한 숨을 쉰다.
강정옥, 쪽문을 열고 나온다.
임공우, 속치마를 소파 밑으로 숨기고 자는 척을 한다.

강정옥	언제 나왔어요?
임공우	…
강정옥	들어와서 자요. 추운데.
임공우	왜 그렇게 자주 추워?
강정옥	겨울이니까.
임공우	난 안 추워.
강정옥	감기 걸려요. 들어가요.
임공우	5년 내내 추웠어.

	임자 몸은 5년 내내 차가워.
강정옥	내 몸이 원래 좀 차잖아요. 수족냉증.
임공우	아니야.
	기억나? 양조장 둘째딸 결혼식. 그날 밤.
강정옥	미영이 결혼식… 그 게 벌써 오년이 넘었지.
	치수 다 재 놓고 선금까지 받아놨는데 일손 모자라서 혼났어.
	그 때는 홍천 간 승조도 있을 때였는데.
	엄벙덤벙 한다고 당신한테 맨 날 혼나고, 그래도 참 착했는데.
	맞다. 세탁소 옮긴다나 봐요. 춘천으로.
임공우	그 날 임자 몸은 따뜻했었는데.
	밤 새 일하면서, 밤 새 안고. 일하다가 안고. 일하다가 하고.
강정옥	…
임공우	장날이면 하루 종일 가게도 북적거리고.
	홍천 장선생한테 기지 떼서 오는 길도 참 좋았어.
	오토바이 뒤에 임자 태우고.
	그러면 등이 참 따뜻했었는데. 한 겨울에도 말이야.
	여름엔 수타사 들러서 물놀이도 하고.
강정옥	나 피아노 학원 끝나면 당신이 태우러 오고 그랬잖아요.
임공우	그 때야 수금일만 되면 돈다발이 쟁길 때 아니야.
강정옥	그 바쁜 와중에 그래도 할 건 다 하고 살았는데.
임공우	애가 안 생겨도 그 때는 걱정 없었는데.
강정옥	당신, 자꾸 고집부리지 말고 사람들 말대로…
	우리 세탁소 한 번 해 보는 게 어떨까?
	당신이랑 나랑 예전처럼 잘만하면…

임공우	사람들? 누구? 고상사? 그 새끼가 그래? 어떻게 홀기든?
	왜? 할 거 못하고 사니까 지겨워? 간질간질해?
강정옥	내 말 좀 들어봐요. 그 때는 그 때고 지금은 지금이잖아요.
	양복을 누가 맞춰 입어요?
	봐요, 당신 조수 그 찌질이 승조도 세탁소 차려서 잘 하잖
	아요.
	홍천 가게는 동생한테 주고 춘천에 새로 짓는 아파트 사서
	들어간대요.
	당신 솜씨가 없어서 그런 게 아니라 세상이 달라졌어요.
	그냥 사 입는 게 편하니까, 지금 사람들 귀찮은 거 싫어하
	잖아요?
임공우	왜, 피아노 학원 다시 다니고 싶냐?
강정옥	…
임공우	홍천 바람 쐬고 싶어서 죽겠지?
	너, 뒤에서 해 주는 거 좋아하잖아.
	살랑살랑 흔들고 다니면서 누구랑 눈 마주칠라고?
강정옥	이불 갖다 줄게요.
임공우	이리 와봐.
강정옥	놔요.
임공우	니가 많이 굶었지? 나도 아주 죽겠다.
강정옥	놔.

임공우, 쿵쿵대며 강정옥의 몸 위에 올라탄다.
잠시 후 제풀에 지쳐 내려온다.
강정옥, 방으로 들어간다.
임공우, 흐느낀다.

3.

아무도 없는 실내.

방 안에서 풍금소리가 들린다.

잠시 후 출입문 밖으로 부터 요란한 오토바이 소리가 들려온다.

오토바이 소리가 가까워지자 풍금소리 멈춘다.

강정옥, 방에서 나온다.

임공우, 산탄총을 들고 들어온다.

김갑원, 핏물에 젖은 자루를 들고 들어온다.

강정옥   오셨어요?

김갑원   집에 계셨어요? 낮에 날씨 좋았는데. 따땃스러운게.

임공우   (갑원에게 자루를 넘겨받아 정옥에게 건네며) 이거 손질해서 탕 좀 끓여. 갑원이랑 한 잔 할라니까.

김갑원   형수님, 그냥 두세요. 숨 좀 돌리고 제가 하겠습니다.

임공우   아, 됐어. 한두번 해 보는 것도 아닌데.

김갑원   그래도. 피 보면 놀라실까봐. 항시 창백스러우셔서.

강정옥   쉬세요. 벌써 물도 다 끓여 놨어요.

김갑원   아이고. 참 착하스럽기도 하십니다.

강정옥, 자루를 들고 쪽문으로 들어간다.

임공우   (산탄총을 진열대 속에 세우며) 아, 불곰 그 놈 찾아야 되는데.

김갑원   진짜 보긴 봤어요?

임공우   새끼가.

김갑원   아니, 너무 신기스러워서…

임공우   야, 산만 하더라. 산만해. 인상이 얼마나 고약한지. 한참을

　　　　멀뚱멀뚱 보다가 쓱 지나가는데, 그 풍채가… 하긴 나라도
　　　　안 믿겠다. 진짜 봐야 알지.

　　　　분명히 지금쯤 겨울잠 자고 있을 텐데. 어디 숨어있을까.

김갑원　꼭 내가 따라 갈 때는 꿩 밖에 없어요. 서운스럽게.

임공우　너 저번에 멧돼지 도망가는 거 봤잖아?

김갑원　봤지요. 근데, 그 것도 그냥 고라니 큰 놈 아닌가 싶은데.

임공우　이 새끼가 같이 봐 놓고도 딴 소리하네.

김갑원　아니, 그 때 확실하게 못 봐서 그러지요. 멀리서 꽁무니만
　　　　보느라고.

　　　　얼핏 사슴스럽기도 하고.

임공우　너 앞으로 따라 오지 마.

김갑원　아니, 그 게 아니라.

임공우　그렇게 말을 해도 못 믿어.

　　　　사내놈이 담력이 없으니까 보일 게 안 보이는 거야.

김갑원　흐흐. 근데 아까 동굴계곡 지나는데 겁스럽데요.

　　　　뒤에서 곰 튀어나올까봐.

임공우　총 하나 알아봐줘?

　　　　너도 내 뒤만 쫄쫄 쫓아다니지 말고 한번 당겨봐야 할 거
　　　　아냐?

김갑원　총은 아무나 쏴요? 됐어요. 그냥 형님 구경하는 재미지.

　　　　히히히. 꿩들은 왜 대가리만 처박고 숨는 줄 몰라. 이상스
　　　　러워.

임공우　(갑원의 엉덩이를 손바닥으로 치며) 마, 가서 술 받아와.

　　　　김갑원, 임공우에게 오천원 지폐 한 장을 받아 밖으로 나간다.

임공우   (쪽문을 향해) 여기 컵 좀 줘. 쥐포 두어 마리 꺼내오고.

임공우, 다림대 위에 놓인 양복을 살펴본다.
강정옥, 맥주 컵과 쥐포를 들고 나온다.

임공우   (양복을 보며) 누구야? 새 옷인데.
강정옥   오락실 최씨요.
임공우   기섭이?
강정옥   내일 조카 결혼식 간다고.
임공우   오늘 이게 다야?

김갑원, 소주 댓병을 들고 들어온다.

임공우   갑원아, 너 장모님 환갑이 언제라 그랬지?
김갑원   명월 보름요.
임공우   그럼 슬슬 치수 재야되겠다.
김갑원   …
임공우   너 마지막으로 해 입은 게 우주 돌잔치 때니까,
            우주가 올해 입학했으니까, 아, 벌써 칠년이네 칠년.
김갑원   그러게요. 근데 통 입을 일이 없어요. 그것도 장롱 안에
            그대로 있는데.
임공우   이참에 하나 뽑아라. 명색이 장모님 환갑인데 사위들끼리
            비교된다.
김갑원   우주엄마 외동딸이에요.
            그냥 홍천 가서 식사나 한 끼니 할라고요.
강정옥   싸게 해 드릴게요. 저번에 봐둔 기지도 있잖아요.

(진열된 옷감들 속에서 하나를 펼쳐 보이며 김갑원에게 건넨다.)
여기 밤색.

임공우 야, 잘 어울린다. 인물이 확 산다. 거울 봐봐.
김갑원 멋스럽긴 한데요. 요새 우주엄마가 영 힘스러워해요. 애 학
원비다, 뭐다…
(옷감을 다시 제자리에 놓아두며)
담번에 갑철이 장가 갈 때나 한 번 봐야지요.
이 거 제가 찜입니다. 찜.
강정옥 하나 하시지. 잘 어울리시는데.

출입문이 열린다.
정장 차림의 성현기가 들어온다.

성현기 안녕하십니까?
임공우 (엉거주춤 일어나며) 어떻게 오셨어요?
성현기 휴식 중이셨던 것 같은데 실례 좀 범하겠습니다.
제 코트에 단추가 떨어져서요.
급하게 꿰맬 곳을 찾다가 마침 눈에 띄는 곳이 있어서 들어
왔습니다.
임공우 (성현기의 코트를 살피며) 첫 단추구만.
강정옥 단추는 가지고 계세요?
성현기 아닙니다. 잃어버렸습니다.
강정옥 앉아서 기다리시겠어요. 코트, 벗어 주세요.

성현기, 코트를 벗어 강정옥에게 건네준다.
강정옥, 재단대 위에 있는 단추통에서 알맞은 단추를 고른다.

성현기, 강정옥의 얼굴을 유심히 본다.

강정옥   (단추 하나를 내보이며) 이 거 괜찮으시겠어요?
성현기   아, 네, 꼭 같지 않아도 됩니다. 비슷한 것으로 달아주세요.
임공우   비슷하면 되나, 딱 맞아야지.

임공우, 단추를 찾아 강정옥에게 건넨다.
강정옥, 바느질을 시작한다.
성현기, 실내를 둘러보면서 곁눈으로 강정옥을 본다.

임공우   (코트를 가리키며 김갑원에게) 요즘 옷들이 이 게 문제야.
          뭔 놈의 단추들이 그렇게 잘 떨어져.
          기계가 만들어서 그런 거거든.
          단추보다도 구멍이 중요하거든. 이 게 어슷해야 된다고.
          근데 봐봐. 이거 봐, 무식하게 일자로 쫙 찢어 놓으면 되냐
          고. 답답해.
          거, 옷 잘못 샀어요.
성현기   네? 아, 양복일 하신지 오래 되셨나 봐요?
김갑원   20년도 넘었어요.
성현기   요즘 양복점이 흔치 않은데…
          얼핏 보기에도 사장님 경륜이 대단해 보이십니다.
김갑원   아이고, 사람 보는 눈이 있으시네요. 이 형님, 원줍니다, 원
          조.
임공우   끄음… 여기 분은 아니신 것 같은데.
성현기   아, 출장을 좀 왔습니다.
김갑원   (쭈뼛거리며) 느낌스러움으로 봐서 높으스러우신 분 같은데.

212

성현기	아, 아닙니다.
임공우	인사가 늦었습니다. 저 임공우라고 합니다.
성현기	네, 성현깁니다.

강정옥, 성현기를 본다.

임공우	좀 앉으세요.
성현기	네. (소파에 앉는다.)
김갑원	저, 소주라도 한 잔… (성현기에게 잔을 내밀며)
성현기	괜찮습니다.
임공우	(김갑원에게 눈짓을 보내며) 치워, 마.

김갑원, 컵과 소주를 탁자 한 쪽으로 치운다.

임공우	(성현기에게 담배를 권하며) 담배?
성현기	아, 괜찮습니다. 끊고 있는 중이라서.
임공우	저… 요즘 옷이 말입니다… 그럼 음료수라도?
	(갑원에게) 가서 마실 것 좀 사와.
성현기	괜찮습니다.
김갑원	(일어서며) 뭘로 사와요?
임공우	마, 많잖아. 박카스, 아니, 그 뭐야, 비타민 그 거 좋드라.

김갑원, 출입문을 열고 나간다.

임공우	흠, 요즘 옷이 말입니다.
	예전에 수공으로 제작했던 옷이랑은 많이 다릅니다.

	품격도 떨어지고, 봉재도 거칠고요. 기계가 오리고 붙이는데 당연하지요.
성현기	아, 그럼 사장님은 전부 손수 만드십니까?
임공우	물론입니다. 제가 직접 자르고 꿰맵니다.
	디자인부터 초크 칠, 재단, 재봉, 예비단추까지 빈틈이 없지요.
	(강정옥을 보는 성현기의 시선을 의식하며)
	수선하는 일은 집사람이 하기도 합니다.
	처음엔 일손이 부족해서 도와주다가…
	지금은 단추만큼은 오히려 저보다 낫습니다. 하하.
	일거리가 많을 때는 제자도 키워 보기도 했지만 젊은 사람들이 인내심이 부족해서요. 이 녀석들이 견디질 못해요. 하하.
성현기	대단하십니다. 사장님같은 장인을 만나게 되어 영광입니다.
임공우	감사합니다.

성현기, 대화중에 힐금힐금 강정옥을 본다.
강정옥, 바느질을 하다가 고개를 들어 성현기를 본다.
잠시 둘의 시선이 만난다.

임공우	주로 양복을 많이 입으실 것 같은데?
성현기	네? 아, 그런 편이지요. 네.
임공우	하시는 일이?
성현기	… 공무에 종사하고 있습니다.
임공우	아, 국정에 적을…
성현기	뭐, 대단찮은 일입니다. 하하.

임공우	흠… 홍천에서 오셨습니까?
성현기	춘천에서 왔습니다.
임공우	아… 네.

김갑원, 드링크 몇 병을 들고 들어온다.

임공우	(뚜껑을 따 성현기에게 건네며) 드시지요.
성현기	고맙습니다.

강정옥, 바느질을 끝내고 일어난다.

강정옥	(코트를 성현기에게 건네며 고개 숙인다.) 다 됐습니다.
성현기	(강정옥의 얼굴을 응시하며) 감사합니다.

강정옥, 쪽문을 열고 들어간다.

임공우	흐, 저 사람이, 입혀드려야지.
	주십시오. 제가 하겠습니다.
성현기	괜찮습니다.
임공우	아닙니다. 주십시오.

임공우, 성현기에게 코트를 입혀주고 단추까지 직접 채워준다.

성현기	감쪽같네요. 티가 전혀 안 납니다.
	얼마죠?
임공우	됐습니다. 오늘은 그냥 가세요.

성현기　(만원 지폐를 내밀며) 받으세요.

임공우　아휴, 다음에 주세요.

성현기　정 그러시다면… 잘 입겠습니다.

임공우　춘천 가시기 전에 놀러나 한 번 오십시오.

　　　　　기지 구경도 좀 하시고.

김갑원　나중에 양복 한 벌 하러 오세요.

성현기　하하하. 생각해 보겠습니다.

　　　　　오늘 여러 가지로 고마웠습니다.

　　　　　안녕히 계십시오.

임공우　또 뵙겠습니다.

성현기　(나가려다 말고 슬쩍 쪽문을 보다가) 저기… 아닙니다.

　　　　　그럼.

　　　　　성현기, 인사하고 나간다.
　　　　　임공우와 김갑원, 문 밖까지 나가 인사한다.

김갑원　인물도 훤칠스러운게. 야, 자가용도 겁스럽게 고급스럽네요.

임공우　하필이면 춘천이냐.

　　　　　홍천만 됐어도 확실하게 잡아보는 건데.

김갑원　춘천? 뭐하는 사람이래요?

임공우　술이나 따, 임마.

　　　　　임공우, 다리미를 눌러 쥐포를 굽는다.

임공우　(다림대 위의 양복을 보며) 기섭이 이새끼. 올 겨울에는 꼭 한
　　　　　벌 해 입는다고 알랑방구 뀌더니만 어디 가서 사 입었어.

216

김갑원	한 잔 받으세요. 형님.
임공우	(쥐포를 탁자에 내려놓으며) 넌 절대로 사 입지는 말아라.
김갑원	살 돈도 없어요.
임공우	돈이 문제가 아니라 임마. 양복은 맞춰 입는 거야.
	너, 돈 없어서 그러는 거면 내가 외상으로 해 줄 수도 있어.
	(한잔 들이킨 후 갑원에게 잔을 건네며)
	우선 한 벌 해 입어. 돈은 차차 주고.
김갑원	아, 형님. 제 성격 아시면서. 제가 돈스러운 건 좀 정확스럽잖아요.
임공우	내가 월부로 해줄게. 일년, 응? 한 달에 만오천원씩. 인심썼다.
김갑원	아이고, 저랑 우주엄마는요, 절대 할부는 안 해요.
임공우	잘 한번 생각해봐 임마. 안타까워서 그래. 안타까워서.
	좋은 옷 한번 입혀보고 싶어서.
김갑원	하긴요, 옛날에는 다 맞춰 입었지요. 구두도 양화점가서 맞췄으니까.
	직접 가죽도 고르고, 모양도 고르고, 나올 때까지 기다리는 재미도 있었는데. 지금은 죄다 없어졌잖아요. 양화점, 양장점, 양복점. 형님도 아시잖아요? 홍천양복점, 리바이스 대리점으로 바뀐 거.
임공우	홍천양복점, 그 인간이야 원래 사기꾼이야, 사기꾼.
	그리고 임마. 양복점이 아니라 라사야, 라사.
	우리는 절대 양복점이라고 안 해.
김갑원	맞다. 전부터 궁금스러웠는데요, 라사가 무슨 뜻이래요?
임공우	이 라사가 원래 포도아 놈들 말이거든.

김갑원	포도?
임공우	너도 참 섭섭하다. 전파사 한다는 놈이 전파가 파바박 해야지.
	자주 끊긴다. 응? 마, 포도라고 있어. 구라파는 알지? 그 스페인 밑에 폴투칼이라고 있어. 그 볼 잘 차는 애, 그 놈 누구냐? 피고? 마구? 암튼, 그 나라 있어. 걔들이 한 참 잘 나갈 때는 배타고 다니면서 땅덩어리 다 먹었었거든. 그 때 그 애들이 입고 다녔던 양복이 끝장났던 거거든.
김갑원	아. 그니까 걔들 말로 양복이 라사다?
임공우	그렇지. 우리는 절대 양복점이라고 안 한다. 라사가 정통이다
김갑원	나는 나사가 뭔가… 도라이바랑 연관이 있나…
	알고 보니까 재미스럽네요.
임공우	말이 나온 김에 작고하신 나의 스승이 누구시냐 하면, 구자태 명인이라고, 이분이 원래 전라도 벌교 분이거든. 원래 소리하는 집에서 태어나서서 어렸을 때는 음악을 좀 하셨나봐. 예술가 기질을 타고 난 거지.
김갑원	근데 어떻게 양복일을? 아니 라사일을?
임공우	그 게 전설이야, 전설. 동경에 유학 간 삼촌 만나러 갔다가 기술을 배웠다는 설, 서울 유명한 라사에 양자로 들어갔다는 설, 독립운동 자금 댈라고 일을 시작했다는 설, 너, 김구 선생 알지? 김구 선생이 만주에서 고생할 때 그분이 양복 만들어서 찾아갔다는 말도 있어. 뭐, 워낙 신화적인 분이라서. 아무튼 왜정시대부터 재단의 고수, 재봉의 달인. 뭐 전 국구 스타가 된 거지. 일본 본토에서 스카웃 들어왔을 정도니까 말 다했지.

김갑원	그 분한테 직접 배우신 거예요?
임공우	그렇지. 내 동기들만 열 명. 위로 선배들이 다섯 명 됐고.
	춘천 명동 사거리, 로얄라사! 죽여줬었다.
김갑원	지금도 있어요?
임공우	스승님 돌아가시고, 우리들 다 독립해 나왔으니까. 지금은
	없지.
	한잔 따라봐 임마.
	요즘 애들은 모른다.
	옷에는 지문이 있어야 된다.
	옷에는 사연이 깃들어야 한다.
	스승님이 그러셨다.
	단추 하나를 달 때도
	실밥 하나를 맺을 때도
	고객의 호흡을 느껴라.
	치수 잴 때의 떨림을 기억해라.
	바늘 지난 길에 혼을 담아 보내라.
	그래야 옷은 날개가 된다.
	고상오, 문을 열고 들어온다.
	어깨에 군용더블백을 매고 있다.
김갑원	충성!
고상오	니들 또 사냥 갔다 왔냐?
김갑원	어, 어떻게 아셨습니까?
고상오	냄새가 딱 꿩탕이구만 뭐.
김갑원	역시 귀신스러우십니다.

고상오	조심해라. 우리 애들한테 걸리면 얄짤 없다.
	무장해제 시켜서 영창에 넘겨버릴 테니까.
임공우	애들 보초 설 때 조는 거나 잘 감시해.
	개구리들 땅, 밟기도 싫으니까.
고상오	(더블백을 재단대 위에 내려놓으며) 강여사님!
임공우	(더블백을 다림대 위로 옮기며) 뭔데?

강정옥, 쪽문을 열고 나온다.

강정옥	오셨어요?
고상오	우리 애들 수선할 옷들입니다.
	오바로크 할 것들도 좀 있고요.
	꽤 됩니다.

강정옥, 더블백 속의 군복들을 꺼낸다.

고상오	야, 우주전파사. 야, 김갑원.
	가게는 어떻게 하고 여기 와있냐?
김갑원	우주엄마 있는데요, 뭐.
고상오	그래도 그 게 아니다. 전구 하나 팔더라도 주인이 가게를
	지켜야지.
	요새 먹고 살만은 하냐?
	형광등 몇 개 팔아가지고 짬밥 짓기도 힘들 텐데.
김갑원	그냥, 공사거리 있으면 출장 나가고 그러지요 뭐.
	전에는 참 고칠 것들이 많았는데. 동네에 테레비 몇 대랑
	라디오 몇 대 밖에 없었어도 이상스럽게 고칠 게 많았거든

요.

갈수록 일거리가 줄어요.

고장이 안 나게 만드는지.

고칠 생각들을 안 하는지.

고상오 우리 애들 짤순이나 와서 고쳐라.

김갑원 탈수기요?

고상오 응. 모터가 나갔는지 안 돌아간다.

김갑원 그 거 모터 요즘 찾기 힘든데.

강정옥 고상사님, 이 거 언제까지…

고상오 모레가 검열이니까요, 내일 저녁에 가지러 오겠습니다.

임공우 애들 보내. 직접오지 말고.

고상오 사병들이 부대 밖으로 어떻게 나오나?

임공우 다른 심부름은 잘도 시키더라.

　　　　(강정옥에게) 아직 멀었어?

강정옥 다 됐어요.

강정옥, 쪽문을 열고 들어간다.

임공우 바쁘니까 앞으로는 가지고 오지 마.

고상오 바빠? 왜, 이참에 꿩 장수로 나설라고?

임공우 너 좀 오지 말아라. 양복 한 벌 해 입을 줄 모르는 놈이 무
　　　　슨,

고상오 양복? 어디서? 양복을 어디서 해 입어? 여기서?

　　　　(진열대를 가리키며) 저 기지들, 곰팡이 안 슬었냐?

　　　　내가 알기로 오년 동안 이 집에서 양복 맞춰 입고 나간 사
　　　　람 없었는데.

요즘 어떤 정신 나간 놈이 양복을 맞춰 입냐? 사 입지.

있다고 쳐. 그래, 있다고 치자.

너 요즘 유행 따라갈 능력은 있냐?

요즘 임마, 쓰리버튼 아무도 안 입어.

임공우　(산탄총을 집어 들며) 멧돼지 같은 새끼가.

고상오, 몸을 웅크리며 순식간에 재단대 뒤로 숨는다.
김갑원, 임공우를 말린다. 산탄총을 잡는다.
김갑원과 임공우 실랑이를 벌인다.
강정옥, 놀라서 뛰쳐나온다.

고상오　(출입문을 열고 나가려다가) 쏴. 쏴봐. 너 자식아, 고작 꿩 밖에
　　　　못 잡지? 그래, 운 좋으면 멧돼지까지는 어떻게 되겠다.
　　　　너, 사람 겨눠봤어? 난 자식아, 강릉무장도발 참전 용사야.
　　　　당장 공비라도 만나면 오줌이나 흘리고 있을 새끼가. .
　　　　마누라 인물이 아깝다. 지 주제를 알아야지. 어디서 한량
　　　　행세를 해.

고상오, 나간다.

김갑원　형님이 참아요.

김갑원, 산탄총을 빼앗아 제자리에 놓는다.
임공우, 소파에 앉아 벌컥벌컥 소주를 들이킨다.

임공우　(강정옥에게) 뭘 보고 서있어?

강정옥, 쪽문을 열고 들어간다.

김갑원　　상오 형님 성격이야 원래 그렇잖아요. 군인스러우니까.
　　　　　　한 잔 쭈욱 드시고 털어 버리세요.
임공우　　너 맞출거냐? 안 맞출거냐?
김갑원　　… 아이 참.
임공우　　니가 보기에도 저 사람 인물이 아깝냐? 그렇게 생각하냐?
김갑원　　허허 참.
임공우　　하나 맞춰라. 그 게 그렇게 힘드냐?

강정옥, 쪽문을 열고 나와 냄비를 탁자 위에 놓는다.

김갑원　　자자, 꿩탕이 나왔습니다.
　　　　　　자, 형님 한 잔 받으시고.
　　　　　　형수님. 이 게 말입니다.
　　　　　　아까 형님이 파방, 기냥 한 방에 잡은 거 거든요.
　　　　　　그 게 아무나 되는 게 아니거든요.
　　　　　　손에 감촉스러움이 감각스러워야 되거든요.
　　　　　　형님 손끝이야, 바늘로 다져진 예민스러움이거든요.

임공우, 숟가락을 들어 꿩탕을 먹는다.
몇 숟가락 들다가 인상을 찡그린다.
돌이라도 씹은 듯, 뱉어낸다.

임공우　　뭐야 이거?
김갑원　　어, 총알이네.

4.

임공우, 재봉틀 앞에 앉아서 군복에 계급장을 달고 있다.
강정옥, 다림대 앞에서 군복을 수선하고 있다.
임공우, 기지개를 켠다.
다시 재봉틀을 돌리려다 말고 일어난다.
문가에 기대서서 밖을 본다.

강정옥   바람 좀 쐬고 와요.
     혼자서 해도 저녁까지는 마칠 수 있으니까.

     임공우, 대답 없이 다림대로 간다. 서랍을 열어 약을 꺼내 먹는
     다.
     다시 재봉틀 앞에 앉는다.
     문이 열린다.
     성현기가 사과바구니를 들고 들어온다.

성현기   안녕하십니까?

     임공우, 벌떡 일어난다.

임공우   오셨습니까?
성현기   네, 돌아가는 길에 들렀습니다.
임공우   (강정옥에게) 뭐해? 인사드려.

     강정옥, 엉거주춤 일어나 고개를 숙인다.

임공우   집사람입니다.

성현기   (강정옥에게 바구니를 건네며) 부사입니다.

임공우   그냥 오셔도 되는데.

성현기   아닙니다. 어제 너무 감사했습니다. 당연히 그 마음에 보답
         을 해야지요.

임공우   진정한 신사이십니다. 단추 하나 잊지 않고.
         (성현기가 입고 있는 코트를 살피며) 단추는 괜찮으시지요?

성현기   네, 덕분에 끄떡없습니다.
         그런데 이참에 단추를 싹 다시 달았으면 합니다.

임공우   네?

성현기   확실히 차이가 나서요.
         만져보세요. 헐렁헐렁 한 게 곧 떨어질 것 같아서요.
         (코트를 벗어서 강정옥에게 건네주며)
         나머지 것들도 바느질을 다시 해 주십시오.

임공우   그렇지요? 확실히 차이를 아시겠지요?
         단추 하나를 달더라도 모직 종류에 따라서, 입는 사람 체격
         과 성격에 따라서 다르게 달아야 되거든요.
         공장에서 나오는 판박이 옷들은 꿈도 못 꿔요.

         강정옥, 바느질을 시작한다.

임공우   (강정옥에게 다가가며) 가만, 내가 직접…

성현기   사장님, 죄송합니다만, 마실 것 좀. 어제 드링크, 그 거 좋
         던데.

임공우   아, 예. 그치요? 입맛도 뭔가 아시네. 기다리세요. 얼른 사
         다 드릴 테니까.

임공우, 출입문을 열고 나간다.

성현기 강정옥… 정옥이 맞지?
강정옥 …
성현기 맞지요?
　　　　나야. 현기. 홍일고 기악부 성현기.
　　　　홍일여상 합창부 강정옥.
　　　　… 어제 너도 나 알아봤잖아?
강정옥 거기 소파에 앉아요.
성현기 (손을 내밀며 악수를 청한다.) 이 게 얼마만이야. 반갑다.

　　　　강정옥, 반응 없이 계속 바느질을 한다.

성현기 밤새 한 숨도 못 잤어.
　　　　어떻게 사나 궁금했었는데.
　　　　통 니 소식을 아는 애들이 있어야지.
강정옥 가서 앉아요.

　　　　성현기, 소파에 앉는다.

성현기 그냥 아는 체 할까 하다가 너 난처해 질까봐.
강정옥 (바느질을 하며) 성공했나 봐요. 좋아 보여요.
성현기 그래? 다행이다. 나 많이 늙었지?
　　　　넌, 여전해.
강정옥 여전히 깔끔하시네요.
　　　　결혼은 하셨을 테고, 애는?

성현기	응. 남매야. 중학교 다니고. 지들 엄마랑 서울에 가있어.
	넌? 아직 없는 것 같던데.
강정옥	…
성현기	그래서 아직 처녀 같구나.
강정옥	동창들은 자주 만나요? 하긴 학생회장이셨으니까.
성현기	다 그럭저럭 살아. 나이 먹는 게 그렇지 뭐.
	너 노래 정말 잘 했었는데, 풍금도 잘 치고.
	난, 너 가수 될 줄 알았어.
	(자리에서 일어나며)
	그 모습, 너랑 안 어울린다.
	화가 나.
	마음이 아파.
강정옥	(출입문 밖 임공우가 오는 모습을 보고) 와요. 얼른 앉아요.
성현기	연락해.

성현기, 품속에서 급히 명함을 꺼내 강정옥의 손에 쥐어주고 소파에 앉는다.
임공우, 드링크 두 박스를 들고 들어온다.

임공우	(뚜껑을 따서 건네며) 드세요.
성현기	뭘 이렇게 많이 사오셨습니까?
임공우	별 것 아닙니다. 가지고 가십시오.
	(강정옥에게 가서) 나와 봐. 내가 할라니까.

임공우, 바느질을 시작한다.

성현기	(드링크 뚜껑을 따서 강정옥에게 건네며) 드시지요.
	(뚜껑을 따서 임공우에게 건네며)
	사장님, 잃어버린 첫 단추를 이십년이 넘어서 다시 찾았습 니다.
임공우	네?
	아, 네에. 과찬의 말씀입니다.
	기다리시는 동안 기지 구경 좀 하세요.
	저기 저, 검정색 보이시지요?
	그 게 제일모직 최고급이거든요.
	쭉 한번 보세요.
	(강정옥에게) 뭐해? 안내 좀 해드려.

임공우, 빠른 손놀림으로 바느질을 한다. 능숙한 솜씨를 뽐낸다.
성현기, 강정옥과 시선을 교환한다.
출입문이 열린다. 술에 취한 고상오가 들어온다.

고상오	다 됐습니까?
	나 우리 새끼들 보따리 찾으러 왔습니다.
	야, 꽁! 화 좀 풀렸냐?
	술이나 한 잔 하자.
	꿩탕 안 남았냐?
강정옥	아직 좀 덜 됐어요.
	두세 시간만 있다 오세요.
임공우	그래, 지금 바쁘니까 있다가 와.
고상오	아이고, 강여사님, 제가 한 잔 했습니다.
임공우	(버럭) 있다가 오라니깐.

고상오	(성현기를 발견하고) 어이쿠.
	(매무새를 다듬고) 충성!
	여기엔 어쩐 일이십니까, 국장님.
성현기	누…구?
고상오	도청 도시국장님 아니십니까?
	저, 아까 인사 올렸던 2대대 고상오 주임상사입니다.
성현기	아, 아. 아까 '모나리자' 불렀던 분.
고상오	기억하시는군요? 영광입니다.
	죄송합니다. 제가 한 잔 했습니다.
성현기	그럼요. 괜찮습니다. 드실만한 자리였는데요 뭐.
고상오	연대장님이 저를 극진히 총애 하시는지라.
	끝까지 자리를 지키다 왔습니다.
성현기	잘 하셨습니다.
고상오	야, 이거 국장님이랑 저랑 보통 인연이 아닌 가 봅니다.
	실은 전번 홍천 조합장님 취임식 때도 뵌 적이 있습니다.
성현기	아, 그러셨어요.
고상오	잘 부탁드립니다. 근데 이 누추한 곳에는 어쩐 일로?
성현기	두 분 친하신가 봐요?
고상오	임꽁우라구요. 제 쫄병입니다.
성현기	네? 아, 사장님 성함이…
고상오	꽁우라고도 하고 콩우라고도 합니다. 저 놈이 어렸을 때부터 꽁한 성격이 있거든요. 근데 또 놓고 다닐 때는 콩까기 선수였거든요, 저놈이.
	그래서요… 히히히.
성현기	하하하.
고상오	저, 국장님, 어떠십니까? 제가 오늘 밤 한 번 모시고 싶은데

요.

성현기　아니, 괜찮습니다. 곧 가봐야 합니다.

임공우, 자리에서 일어난다. 고상오를 가게 밖으로 끌어내려 한
다.

임공우　가, 가 이 새끼야.
　　　　어디서 개구리 새끼가 술주정이야.

고상오　왜이래? 어, 어. 안 취했어. 어? 어.

임공우와 고상오, 실랑이를 벌인다.
강정옥, 성현기에게 코트를 건네며 가달라는 눈짓을 보낸다.
성현기, 코트를 다시 재단대 위에 놓는다.

성현기　저, 이만 가보겠습니다.

임공우　다 됐는데. 조금만 기다리시면 됩니다.

성현기　아닙니다. 지금 가봐야 할 것 같습니다.
　　　　이왕 손봐주시는 김에 쫙쫙 한번 다려주십시오.
　　　　다시 와서 찾아가겠습니다.

임공우　그래도, 춘천이신데.

성현기　홍천에 자주 왔다 갔다 하니까요. 괜찮습니다.

고상오　다음에 오시면 꼭 연락 한 번 주십시오. 식사 한 번 모시겠
　　　　습니다.
　　　　일전에 명함 드렸었는데.

성현기　아, 네.

임공우　참, 선생님. 저, 명함 있으면 한 장 주시고 가시면…

성현기   (주머니 속을 뒤지는 척 하다가) 아, 이거 어떡하죠? 지금 없는데.

임공우   괜찮습니다. 또 오실 텐데요. 뭐.

성현기   (강정옥을 향해 인사하며) 그럼, 다시 뵙겠습니다.

성현기, 문을 열고 나간다.
임공우와 고상오, 따라 나가 인사한다.
임공우 급히 다시 들어와 드링크 박스를 들고 나간다.
자동차 떠나는 소리.
이어지는 고상오의 "충성" 소리.
뒤이어 들리는 임공우와 고상오가 싸우는 소리.
강정옥, 문가에 기대서서 그 모습들을 지켜본다.

5.
눈에 멍이 든 임공우, 소파에 앉아있다.
김갑원, 출입문을 열고 들어온다.

김갑원   형님, 갈 거면 빨리 갑시다.

           형수님 계시니까 괜찮스럽잖아요.

임공우   오늘도 안 오시려나… 내일이면 일주일인데…

김갑원   전화 한 번 해 보세요.

임공우   번호를 모르니까…

김갑원   아, 도청에 전화해서 물어봐요.

임공우   그럴까? (전화기를 잡으려다가) 아니다.

           마, 가게에 가서 기다리고 있어. 금방 갈 테니까.

김갑원, 나간다.
임공우, 자리에서 일어난다.
다림대 앞 옷걸이에 걸어진 성현기의 코트를 물끄러미 본다.
코트를 입고 거울 앞에 선다.

임공우   (거울을 보며 혼잣말) 도시국장이 뭐하는 자리야?
연대장 친구에, 조합장 후배에, 국회의원 선배에… 좋겠다.
사람이 참 신사야, 신사.

강정옥, 쪽문을 열고 나온다.
임공우, 코트를 벗는다.
산탄총과 사냥장비를 챙기고 라이방을 쓴다.

강정옥   산에 가게요?
임공우   혹시라도 국장님 오시면 얼른 갑원이 핸드폰으로 연락해.
금방 올 테니까. 오늘은 깊이 안 들어갈라니까.
강정옥   갔다 오세요.

임공우, 나간다.
강정옥, 다림대 앞에 앉아서 다림질을 시작한다.
잠시 후 문밖에서 오토바이 출발하는 소리가 들려온다.
강정옥, 다림질을 멈추고 전화기를 본다. 자리에서 일어나 소파에 앉는다.
품속에서 명함을 꺼내 한참을 들여다본다.
명함을 다시 품속에 집어넣고 탁자 위에 놓여있던 사과 하나를 통째로 베어 먹는다.
반쯤 남은 사과를 탁자에 내려놓고 방으로 들어간다.

잠시 후 방 안에서 풍금소리가 들려온다.
계속되던 풍금소리, 고조될 때 출입문이 열린다.
성현기가 들어온다.
성현기, 서있는 채로 풍금소리를 듣는다.
강정옥이 먹다 남긴 사과를 손에 들고 본다.
풍금소리 멈춘다.
강정옥, 쪽문을 열고 나온다.
성현기를 보고 흠칫 놀란다.

성현기   여전하구나. 풍금소리…
강정옥   오셨어요. (성현기의 손에 들린 사과를 보고) 주세요.
성현기   부사 좋아하는 것도…
           사과에 남는 이 이 자국, 내가 얼마나 귀여워했었는데.

강정옥, 사과를 빼앗아 쓰레기통에 버린다.

강정옥   (코트를 건네며) 여기.
성현기   이야기 좀 해.
강정옥   무슨 이야기요?
성현기   그동안 어떻게 살았는지 궁금해.
강정옥   왜요?
성현기   듣고 싶어.
강정옥   이야기… 그 게 이야기로 될 것 같아요?
성현기   알아, 니 마음. 나 다 알아.
강정옥   손님!
성현기   나 고민하고 왔어. 그냥 온 거 아니라고. 마음먹고 왔어.

강정옥	현기오빠!
성현기	군대 가서 니 생각 많이 했었어. 다시 찾아야겠다고.
	넌 내 여자라고.
강정옥	가세요.
성현기	제대 하던 날, 너 시집갔다는 말 들었어. 부자한테 잘 갔다고.
	글쎄… 못 믿겠지만 네가 보낸 편지들, 가끔 꺼내서 읽었어.
	원죄 의식이라고 해야 할까.
강정옥	장난 그만 쳐요.
성현기	그 눈 오던 날, 기억나지? 신촌 내 자취방.
강정옥	남편한테 전화 할까요?
성현기	(정옥의 손을 잡으며) 정옥아, 나를 봐.
	어떻게든 보상하고 싶어.
	지난 일주일 동안 견딜 수가 없었어.
	이런 촌 바닥에서 그런 수준 낮은 인간들이랑 어울릴 니가 아니야.
	다 나 때문이야.
강정옥	저도 수준 낮아요. 원래 낮았잖아요. 상고 나온 가난한 년.
성현기	(무릎을 꿇고) 미안하다. 이제야 용서를 빈다.
강정옥	(창밖을 살피며) 일어나요.
성현기	그 날 바이올렛에 못 나갔던 건 어쩔 수가 없었어.

강정옥, 소파에 주저앉는다.

강정옥	가요. 어지러워.

성현기	나 때문에 그런 건 아니지?
강정옥	뭐가요?
성현기	애 없는 거.
	남편 때문이니?
	그 때 내가 미쳤었어. 네 말대로 아이 낳았으면 지금 우리
	둘 다 행복했을 텐데. 어떻게 갚아야 하니? 응?
강정옥	미쳤어.
	편지에 썼잖아요? 잊어라. 잊겠다.
	딱 여섯 글자. 보여줘요?
	다 잊었잖아? 나도 다 잊었어.
	가, 가.
성현기	(강정옥을 끌어안으며) 미안하다, 사랑한다.
강정옥	놔. 놔.

전화벨이 울린다.

강정옥	(목소리를 가다듬고) 네. 네.
	아, 지금 막 왔다 가셨어요.
	네.
	네.
	전화할 시간도 없었어요.
	잡았는데, 바쁘다고 하셔서요.
	연락처 받을 틈도 없었어요.
	네. 안 주고 가셨어요.
	네…

강정옥, 자리에서 일어난다.

강정옥　가세요. 곧 들어올 거예요.

성현기　연락해.

강정옥　연락할 시간 없어요.

성현기　해. 꼭해. 너도 바라고 있잖아.

강정옥　아니요. 미싱 돌리고, 다림질 하고, 꿩 잡고, 토끼 잡고!
　　　　　시간 없어요.

성현기　할 말이 남아있어.

강정옥　그 사람 곧 와요.

성현기　그 사람은 나 아니?

강정옥　네?

성현기　내가 난 줄 아냐고?

강정옥　그 게 무슨 말이에요?

성현기　내 마음 모르겠어?
　　　　　내 눈빛 보면 모르겠어?

강정옥　미쳤지요?
　　　　　당신 부인, 이러는 거 알아요?

성현기　나, 그 여자랑 곧 이혼할거야.

강정옥　오빠… 공무원이라면서요?

성현기　사랑하는데, 마음에 품고 있는 사람을 찾았는데, 어떡해, 그
　　　　　럼?

강정옥　그래도 되요?

성현기　세상은 달라졌어.
　　　　　공과 사만 분명하면 돼.

강정옥　이제 정말 가세요.

성현기 기억해. 다시 찾은 첫 사랑, 이제 잃어버리지 않을 거야. 절
대로.

강정옥, 다림대 앞에 앉아 다림질을 시작한다.
성현기, 코트를 들고 나간다.
자동차 떠나는 소리 들려온다.
얼마 후 오토바이 소리 다가와 멈춘다.
임공우, 출입문을 열고 들어온다.

임공우 (잔뜩 화가 나서)
아, 그냥 가 버리신 거야?
아, 전화를 했어야지!
사람이 수완이 없어, 수완이.
고상사 그런 새끼들한테는 눈웃음도 잘도 치고 다니두만.
그 몇 분을 못 잡아 봐.
차라도 한 잔 끓여주면서,
이런저런 말도 좀 걸어보고.
참 답답하네. 답답해.
일주일 동안 나 속 타들어가는 꼴 못 봤어?

강정옥, 운다.
임공우, 속상한 표정으로 약을 꺼내 먹는다.

임공우 아, 울지 마.
못해 먹겠다. 못해 먹겠어. 이놈의 라사.
기지 쩰 날 다시 한 번 안 오는 거야?

초크 갈아 낄 날 다시는 안 오는 거야?
개놈의 공무원 새끼.
기생오라비 같은 게 맞출 듯 안 맞출 듯 어긋어긋 하더니
만.

임공우, 전화를 건다.

임공우 갑원이냐, 빨리 나와 임마.
다시가야지.
곰 잡으러 간다.
내가 불곰 그 놈 꼭 찾고 만다.

6.
임공우, 고상오, 김갑원이 소파에 앉아 술을 마시고 있다.

고상오 하하하, 멧돼지를 잡어? 꽁우가 멧돼지를! 하하하.
살다 보니까 별 돼지같은 일이 다 일어나는구나. 햐.
임공우 딱 니 같은 일이 벌어 진거야, 임마.
김갑원 (고기를 씹으며) 와, 살살 녹네요. 녹아.
임공우 많이 먹어라. 임마. 이 거 돈 주고도 못 사 먹는 거다.
고상오 근데 확실히 딱총으로 잡은 거 맞어?
김갑원 참나, 형님도. 제가 봤다니까요.
임공우 넌, 아까 대가리에 총알구멍 봐 놓고도 그러냐?
고상오 그거야, 죽어있는 놈. 팡, 하고 쐈을 수도 있고.
갑원이 너 확실히 봤어? 보니까 아주 날쌘 놈 같더만.

(고기를 집어 먹으며) 요놈이 요게, 다 큰놈이 아니라 새끼라
고, 새끼.

덫에 걸렸든가, 어디가 아픈 놈이었든가, 응? 공기총 한 방
에 쉽게 잡힐 놈이 아니야.

임공우   또 술맛 떨어지게 한다.

맛없으면 가, 임마.

고상오   맛은 있다.

있다 갈 때 좀 싸줘. 야, 꽁. 불알은 내꺼다.

내가 임마, 운전병 데리고 배차 안했으면 싣고 오지도 못했
다.

김갑원   돼지 불알 갖다가 뭐하게요? 소불알이면 몰라도.

고상오   이 자식이 또 뭘 모르네. 그 거 쫙쫙 찢어가지고 연탄불에
구워봐, 임마. 그 냄새가! 야, 동네 개새끼들도 대문 앞에
줄을 서. 줄을. 응? 눈이 씨뻘개져가지고 한 접 받아먹기
전에는 꿈쩍도 안 해, 임마.

임공우   찢어 먹든, 볶아 먹든, 알아서 많이들 잡수세요.

김갑원   야, 아까 형님. 그 순발스러움, 캬,

새마치 막 지나서 얼마 올라가지도 않았어요. 이 게 갑작스
럽게 팍 튀어나오는 거예요. 우리 쪽으로 막 달려오다가,
순간스럽게 탁 멈추더라고요. 그 때 형님이 파방! 캬, 콱 꼬
꾸라지는 게. 크.

임공우   됐어, 됐어. 야, 잔 비었다.

고상오   그 멍은 왜 그렇게 안 빠지냐? 봐봐. 내가 후 해줄까?

임공우   아, 됐어.

고상오   음마, 쌍안경 만들어 줄까?

임공우   콱, 조심해라. 저번엔 참은 거다.

고상오	어쭈. 재대결 한 번 할까? 리턴매치.
임공우	(쪽문을 향해) 여기! 고기 좀 더 가져와!
고상오	근데 국장은 이제 안 오나?
임공우	올 일이 뭐가 있겠어?
고상오	마, 양복 한 벌 해드린다고 설레발 좀 치지.
	그냥, 일단 만들어 드린다고, 마.
	그럼 그 양반이 돈 안 주겠냐?
임공우	됐어. 먼저 해 입는다고 나서면 몰라도, 아, 몰라.
고상오	암튼 짜식이 비젼이 없어. 비젼이.

강정옥, 고기가 담긴 접시를 들고 나온다.

김갑원	고기가 또 옵니다. 고기.
임공우	김치도 좀 더 내오고, 여기 파도 없네, 파.

출입문이 열린다. 박승조가 들어온다.

박승조	안녕하세요.
김갑원	어, 승조.
고상오	이게 누구야?
강정옥	오랜만이야.
임공우	왔냐?
박승조	(쇼핑백을 건네며) 받으세요, 선생님.
고상오	뭐냐?
박승조	양주예요.
임공우	연락이라도 하고 오지. 얼마만이냐? 반갑다. 앉아라.

김갑원	밥 안 먹었지? 이 거 멧돼지야, 멧돼지.
고상오	(양주병을 살피며) 카무스?
박승조	까뮤요.
임공우	무슨 일이야? 시동에는.
박승조	아버지 뵈러 왔다가 잠깐 들렀어요.
김갑원	춘천으로 옮긴다면서?
박승조	네. 거기 신도시 아파트 들어서는데 상가 하나 따냈어요.
김갑원	야, 완전스럽게 성공해버렸네.
고상오	요놈 요놈, 꽁우한테 맨 날 꿀 밤 맞을 때가 엊그제 같은데, 영.
	춘천으로 옮기면 거, 홍천 세탁소는?
박승조	그 건물, 지난달에 제가 인수 했어요.
김갑원	통째로?
박승조	네. 동생한테 맡기려고요. 짜식이 찜질방 해 본다고 졸라서요.
고상오	찜질방? 야. 하긴, 홍천에도 찜질방 하나는 있어야지.
	자, 한 잔 받어. 박사장.
	근데 그 신도시, 전망은 좀 있는 거야?
박승조	그럼요. 서울에서까지 경쟁 들어오고 난리도 아니에요.
고상오	야, 세탁소 하면 하루 얼마나 들어 오냐?
	너, 홍천 바닥 돈을 다 쓸어 담았다며?
	니 선생한테 전수 좀 해 줘라.
	청춘어람이다. 청춘어람.
박승조	선생님도 더 늦기 전에 얼른 업종전환 하시는 게…
임공우	됐어, 마. 고기나 먹어.
	(강정옥에게) 고기, 승조 것도 좀 싸. 몽창.

박승조 춘천이고 서울이고 라사는 다 넘어졌어요. 남아난 곳이 없어요.

전화벨이 울린다.
임공우, 전화를 받는다.

임공우 여보세요. 여보세요?

반응이 없자 수화기를 놓는다.

박승조 아주 유명한 곳 몇 군데, 연예인 상대하거나 재벌들 상대하는데 빼놓고는 없어요, 양복점. 가능성 제로예요. 제로.

전화벨이 울린다.
임공우, 전화를 받는다.

임공우 여보세요. 여보세요?
이 씨발!

임공우, 수화기를 던져버린다.

강정옥 왜요? 누군데요?
임공우 전화를 해 놓고 말을 안 해. 써그럴 놈의 새끼가.
고상오 성격하고는, 오랜만에 승조까지 왔구만.
김갑원 술 받아요, 형님.
고상오 박사장, 이 게 멧돼지야, 자네 스승이 직접 사냥해서 잡은

	멧돼지.
박승조	진짜요?
김갑원	파방!
박승조	선생님, 그 정도셨어요?
김갑원	몰랐어?
박승조	아니, 알고는 있었는데요, 워낙 선생님 성격이랑 안 맞는 일이라서 그냥 대충 하시는 줄 알았는데.
고상오	박사장, 꽁우 성격 많이 변했어. 이제는 내가 쫄아. 거칠어졌어.
임공우	곰 잡는다.
고상오	하하하
임공우	다음에는 불곰 그놈! 내가 잡고 만다.
고상오	허허허. 인터넷에 나겠네. 뜨겠네, 떠.
임공우	(고상오의 멱살을 잡으며) 왜? 내가 못 잡을 것 같아?
고상오	참나, 취했냐?
박승조	(임공우를 말리며) 선생님, 많이 드셨어요?
임공우	(박승조의 머리를 때리며) 이런 느자구없는 새끼가! 내가 너 이렇게 가르쳤냐?
김갑원	왜 이러셔요, 형님!
박승조	아이 씨…
임공우	뭐? 뭐라 그랬어? 이 돈버러지 같은 새끼야. 내가 재봉사가 되라 그랬지, 재돈사가 되라 그랬냐, 나가. 나가 새끼야.
강정옥	왜 그래요?

출입문이 열린다.

성현기가 들어온다.

고상오	충성!
임공우	오셨…어요…
	무슨… 일로?
성현기	양복점에 왜 왔겠습니까?
임공우	네?
성현기	양복 맞추러 왔습니다.
	사장님 실력을 직접 보고 싶습니다.
임공우	네?
	하이고 참… 식사는?
성현기	먹었습니다.
	자, 뭐부터 해야 하지요?
	옷감은 제일모직 최고급으로 하겠습니다.
	색상은 흰색으로 하겠습니다.
임공우	일단, 기지부터 고르… 아니아니, 치수부터 재야…

임공우, 고·김·박에게 나가라는 신호를 한다.

고상오	좀 있다 다시 올게.
김갑원	형님, 잘 하셔요.
임공우	그래, 어서들 가. 고기는 다 싸 둘 테니까.
	승조야, 좀 전에 미안하다. 꼭 고기 가지러 와.

강정옥, 탁자 위를 치워 쪽문을 열고 들어간다.
임공우, 줄자와 치수기입용지를 찾느라 허둥댄다.

임공우　　오시지요, 국장님.

　　　　　　윗옷은 벗어주시고요.

　　　　　　성현기, 상의를 벗는다.

성현기　　바지는 안 벗어도 괜찮죠?

임공우　　네. 물론입니다.

　　　　　　(쪽문을 향해) 저기! 여보!

　　　　　　강정옥, 나온다.

임공우　　(성현기 눈치를 살피며) 치수 재야 할 것 아냐?

　　　　　　강정옥, 줄자를 들고 성현기의 앞, 뒤, 옆, 밑을 돌며 그의 몸을

　　　　　　재기 시작한다.

　　　　　　임공우, 성현기 옆에 서서 치수를 적는다.

강정옥　　가슴, 삼십 구.

임공우　　가슴, 삼십 구.

강정옥　　허리, 삼십 이.

임공우　　허리…

강정옥　　허벅지, 이십 이.

임공우　　… 이십 이.

　　　　　　강정옥이 성현기의 팔 길이를 잴 때,

　　　　　　성현기, 임공우 몰래 강정옥의 귀에 대고 뭐라 속삭인다.

임공우, 들뜬 표정으로 볼펜을 돌리며 치수를 적는다.
성현기, 바지 주머니에서 편지를 꺼내 강정옥에게 건넨다.
놀란 강정옥, 서둘러 편지를 감춘다.

7.

새벽. 캄캄한 실내.
임공우, 쪽문을 열고 나온다.
형광등을 켠다.
표정이 밝다.
임공우, 재단대 앞으로 간다.
차곡차곡 개어 놓은 옷감을 펴 본다.
강정옥, 쪽문을 열고 나온다.

임공우 자지, 뭐 하러 나와?

강정옥 지금 하시게요?

임공우 응.

강정옥 자고 내일 하세요.

임공우 피곤 할 텐데 얼른 자.

강정옥 아직 날도 많이 남았는데…

임공우 두근거려서 잠이 안 와.

강정옥 옆에 있을까요?

임공우 괜찮아.
너무 오랜만이라, 마음도 들뜨고, 손도 떨리고…
그래도 잘 될 거야. 5년 전처럼 잘 할 수 있을 거야.
아니, 그 때보다 더 잘 해야지.

강정옥	조금만 하다가 들어와요.
임공우	아까… 좋았지?
강정옥	…
임공우	나, 잘 한 거지? 괜찮았지?
강정옥	왜 그렇게 봐요?
임공우	(정옥의 얼굴을 손으로 감싸며) 이쁘다.
	임자는 웃을 때가 젤루 이뻐. 홍시마냥 불그락 피어올라.
	(정옥의 손을 잡으며) 따뜻하다.
	근데 아까 왜 울었어?
	사람이 참… 아무리 좋아도 그렇지,
	아무리 오랜만에 하는 거라도 그렇지,
	임자가 우니까 나도 짠해지는 게…
	우리 한 번 더 할까?
강정옥	저 먼저 자요.
임공우	알았어. 좀만 하다가 들어갈라니까…

강정옥, 쪽문을 열고 들어간다.

임공우	내 꿈꿔!

임공우, 치수기입용지를 보며 옷감 위에 자를 대고 초크 칠을 한다.
옷감을 자르려고 재단용 가위를 쥔다.
손이 떨린다.
가위를 내려놓고 약이 들어있는 서랍을 본다.
심호흡을 하고 다시 가위를 쥔다.

임공우, 옷감을 자른다.

8.

환한 햇살이 실내를 가득 채운다.
임공우, 재단대 앞에 앉아서 바느질을 하고 있다.
강정옥, 옆에 앉아서 바늘에 실을 꿰어준다.

강정옥   잘 되요?

임공우   글쎄. 보실보실 한 게 슥슥 잘 빠지는 느낌은 있는데
착착 내 것으로 붙는 느낌이 안 드네.
기지가 너무 미끈해. 나도 모르게 쑥쑥 나가야 하는데
한 코 한 코 속을 알 수가 없어.

강정옥   점심 뭐 할까요?

임공우   임자 좋은 걸로 해.

강정옥   동치미 국수 할까요?

임공우   안 추워?
(바늘에 손가락을 찔린다.) 아야!

강정옥   괜찮아요?

임공우   (손가락을 보며) 휴지.

강정옥, 화장지를 뜯어 임공우에게 건넨다.
임공우, 화장지로 손가락에 맺힌 피를 닦는다.

강정옥   약 발라야지?

임공우   됐어. 참나, 피가 다 맺히네.

248

굳은살도 시간이 지나면 풀리나.

강정옥   빨간약 드려요?

임공우   괜찮아.

강정옥, 쪽문을 열고 들어가 소독약을 들고 나온다.

강정옥   발라요. 빨간약.

임공우   (계속 바느질을 하며) 알았어.

강정옥   그냥 두면 큰일 나요.

임공우   오늘 맞지? 언제쯤 오시려나?

강정옥   네?

임공우   국장님.

강정옥   글쎄요.

임공우   계약서를 받아 두는 건데.

아무리 신사라고 해도 사람일이 어떻게 될지 모르는 거고.

어려워서 말이 나와야 말이지, 괜히 속 보이는 것 같아서.

혹시 명함 같은 거 받아둔 거 없지?

강정옥   (달력으로 시선을 돌리며) 닷새 후에 오신다고 했으니까 오늘

은 맞는데…

오후에 오시겠죠. 일 끝나고.

출입문이 열린다.

고상오가 군복과 한복을 들고 들어온다.

고상오   아이고, 안녕하십니까?

강정옥   오셨어요.

고상오	야, 임사장, 인사도 안 하냐?
	너, 멧돼지 잡았다고 너무 하는 거 아니냐?
	일은 잘 되고?
임공우	왜?
고상오	(옷을 재단대 위에 놓으며) 야, 좀 다려주라.
임공우	치워, 마. 재단대 위에다가… 쯧.
강정옥	(옷을 들어 다림대 위로 옮기며) 급하세요?
고상오	네. 내일 사단장님 따님 결혼식.
임공우	사단장 딸내미 시집가는데 니가 왜 가냐?
	불러주든?
고상오	청첩장이 왔으니까 가지.
	연대장도 같이 가자고 하고.
임공우	아무튼 난 힘들다. 니 쫄따구한테 시켜라.
고상오	야, 그래도 니가 해 줘야지.
임공우	알았어, (강정옥에게) 임자가 좀 해 줘.
강정옥	내일 아침에 찾으러 오세요.
임공우	민형이 엄마는 뭐하냐? 서방 옷 하나 안 다려주고.
고상오	아, 다리미 고장 났어.

출입문 열린다.
김갑원이 반찬통을 들고 들어온다.

임공우	왔냐? 야, 너 상오 다리미나 고쳐줘라.
김갑원	네?
고상오	됐어. 몇 푼이나 한다고, 까짓것 한 대 사야지.
	(반찬통을 보며) 뭐냐?

250

김갑원	(강정옥에게 건네며) 우주엄마 친정에서 갓김치 보냈더라고요.
강정옥	맛있겠다. 잘 먹을게요.
김갑원	우주엄마가 전번에 멧돼지 잘 먹었다고.
	(임공우를 향해)
	형님, 거기 그러고 앉아 계시니까 멋스럽네요.
	야, 가게 안이 훈훈스럽네요.
	두 분 얼굴도 엄청스럽게 명랑스러우시고.
고상오	(김갑원에게) 야, 나는?
김갑원	네?
고상오	마, 갓김치, 우리집은?
김갑원	아휴, 쪼끔 있는 거 가지고 온 거예요.
	다리미 고장 났어요?
	가지고 오세요.
고상오	됐어, 마. 있다가 부대 들어와서 짤순이나 고쳐.
	밥은 먹었냐? 짜장이나 시켜먹자.
김갑원	형님이 쏘실라구요?
임공우	안돼. 냄새 배겨.
	마, 부대 가서 짬밥 먹어.
김갑원	우리 가게로 가요.
	공우 형님, 바쁘신 것 같은데.
고상오	너, 또 탕수육까지 엉길라 그러지?
김갑원	수고하세요.
고상오	간다.
강정옥	가세요.

김갑원과 고상오 출입문을 열고 나간다.

임공우	자식은 공짜 밥 놔두고 꼭 헛돈을 쓰려고 한다니까.
	저게 다 마음이 허해서 그래.
	보니까 마누라가 밥도 잘 안차려 주는 거 같던데.
강정옥	민형이 엄마야 교회일로 바쁘니까.
임공우	하긴, 여기저기 숫내 흘리고 댕기는 놈을 이뻐 하겠어.
강정옥	국수 삶을 게요.
임공우	오랜만에 임자 풍금소리나 들을까?
	물 끓을 동안 한 곡 쳐봐.
강정옥	싫어하잖아요…?
임공우	임자가 맨 날 슬픈 곡만 치니까 그랬지.
	괜히 우울해지니까…
	괜찮으니까 아무 거나 한 번 쳐봐.

강정옥, 쪽문을 열고 들어간다.
잠시 후 풍금소리가 들려온다.
임공우, 흥얼거리며 바느질을 한다.
출입문이 열린다.
성현기가 들어온다.

임공우	오셨습니까?
성현기	네. 오늘 맞지요?
임공우	네. 딱 맞춰 오셨습니다.
	5분만 기다려 주시겠습니까?
	이제 막 중가봉(中假縫)을 마치려던 참이었습니다.
	좀 앉으시지요.

임공우, 쪽문을 열고 들어간다.
풍금소리, 멈춘다.
임공우, 쪽문을 열고 나와 서둘러 바느질을 한다.
강정옥, 나온다.

강정옥 오셨어요? …차 한 잔 드릴까요?

성현기 괜찮습니다. 연주를 방해해서 죄송합니다.
(벽에 걸린 베토벤 초상화를 보며) 베토벤 맞지요?

강정옥 네.

성현기 풍금으로도 베토벤을 칠 수 있습니까?

강정옥 네?

성현기 하하하. 아닙니다. (브룩실즈 초상화를 보며) 저 모델은 브룩실즈로군요.

임공우 맞습니다. 역시 알아보십니다. 대단했었어요.
이쁘고 키 크고 학벌도 좋고.
아이큐가 148이라고 들었던 것 같은데.

성현기 지성과 미모를 겸비한 80년대 세계 최고 미녀.
남편을 잘못 만났죠.
키 작은 대머리 테니스 선수랑은 처음부터 어울리지 않았어요.
지금은 다른 남자를 만나서 잘 산다고 들었어요. 아이도 갖고.
어, 그리고 보니까 사모님하고 닮으신 것 같은데요.

임공우 과찬이십니다.

성현기 아직 멀었습니까?

임공우 네. 곧 됩니다.

임공우, 바느질에 열중한다.
성현기, 곁눈질로 임공우를 살피며 강정옥을 본다.
성현기, 품속에서 편지를 꺼내 강정옥에게 건넨다.
강정옥, 당황하며 받지 않으려고 한다.
편지가 바닥에 떨어진다.
강정옥, 편지를 재빨리 탁자 밑으로 밀어 넣는다.
임공우, 중가봉 된 양복 상의를 들고 일어난다.

임공우   다 됐습니다. 이리 오시지요.

임공우, 성현기의 상의를 벗겨 강정옥에게 건네고
중가봉 상의를 입혀준다.
성현기, 거울 앞에 서서 자신의 모습을 살핀다.

임공우   어떠십니까?
성현기   흠…
임공우   문제라도?
성현기   (팔을 펴보며) 조금 퍽퍽한데요.
임공우   불편하십니까?
성현기   네. 조금만 여유를 주시면 좋을 것 같습니다.
임공우   네. 잘 알겠습니다.
          어떻게… 디자인은 좀 맘에 드십니까?
성현기   조금 촌스러운 감이 있기는 하지만 그럭저럭 별 문제 없을
          것 같습니다.
          복고풍으로 한 벌 가지고 있는 것도 나쁘지 않고요.

성현기, 중가봉 상의를 벗어 임공우에게 건넨다.

강정옥, 들고 있던 상의를 성현기에게 건네려고 한다.

성현기, 입혀 달라는 자세를 취한다.

강정옥, 입혀준다.

임공우	완가봉(完假縫) 때는 실망 시켜드리지 않겠습니다.
성현기	언제까지 되겠습니까?
임공우	국장님 시간에 맞추겠습니다.
성현기	빠를수록 좋습니다.
임공우	노력하겠습니다.
성현기	제가 당분간 여기까지 왔다 갈 여유가 없을 것 같은데 다음에는 홍천 정도로 와 주시는 게… 사장님은 바쁘실 테고 혹시 사모님 시간이 괜찮으시면…
임공우	아닙니다. 바쁘지 않습니다. 제가 오토바이가 있으니까요. 춘천까지 직접 찾아뵙겠습니다.
성현기	음… 그래 주시면 고맙긴 한데… 아, 아닙니다. 생각해 보니까 여기 홍대령 만나러 올 일이 있을 것 같습니다.
임공우	아, 연대장님요?
성현기	네.
임공우	전 괜찮습니다. 어디든 가지고 가겠습니다.
성현기	아닙니다. 제 연락처 알고 계시지요?
임공우	아, 그렇지 않아도 명함을 받아 놓는 다는 게. 한 장 주십시오.
성현기	저런, 흠, 저번에 드린 것도 같은데. (명함을 꺼내 임공우에게 건넨다.) 여기.

임공우　연락드리겠습니다.

성현기　다시 뵙겠습니다. 그 때는 진전이 있었으면 좋겠습니다.

　　　　(목례) 그럼.

임공우　(허리를 굽히며) 네. 차질 없도록 하겠습니다.

강정옥, 출입문을 열어 준다.

성현기, 나간다.

임공우, 뒤따라 나간다.

강정옥, 다급하게 탁자 밑의 편지를 주워 쪽문으로 들어간다.

9.

임공우, 재단대 앞에 앉아서 바느질을 하고 있다.

강정옥, 다림대 앞에 앉아서 군복을 다리고 있다.

임공우, 바늘구멍에 실을 끼워 넣으려고 하지만 잘 되지 않는다.

임공우　(뜬금없이) 풍금으로는 힘든 거야?

강정옥　네?

임공우　베토벤.

　　　　그렇겠지. 베토벤이 풍금으로 되겠어. 피아노 정도는 있어
　　　　야지.

강정옥　곡에 따라 틀려요.

　　　　풍금으로 가능한 것도 있고, 꼭 피아노가 필요한 것도 있
　　　　고.

임공우　그럼 들어가서 한 번 쳐봐.

강정옥　이 시간에요?

임공우	뭐 어때?
강정옥	안돼요. 베토벤은 어려워서 잘 치지도 못하고.
임공우	요즘, 임자 얼굴 참 보기 좋아.
강정옥	네?
임공우	잘 웃고, 환해졌어.
	근데… 베토벤이 장님이었던 거 맞지?
강정옥	장님이 아니라 나중에 귀머거리 됐다고 들었는데.
임공우	그래? 햐.
	음악 하는 양반이 소리를 못 듣고 살았으니 오죽이나 답답 했겠어.
	(초상화를 보며)
	대단해. 위대한 예술가야.
	(눈을 감으며)
	눈 먼 재봉사가 바늘구멍에 실 집어넣는 거랑 똑 같은 거 아니겠어?
	아예 소리를 못 듣기 때문에 그런 훌륭한 음악을 만들었는 지도 모르지.
	나도 봉사가 되야 하나 몰라.
	혹시 알아, 기똥찬 옷 한 벌 턱 하고 만들어 낼지.
강정옥	그런 말이 어디 있어요?
임공우	… 임자는 애 생각 없어?
강정옥	…
임공우	애기 갖고 싶은 마음 없냐고?
강정옥	왜 없어요.
임공우	아들이든 딸이든 하나 생겼으면 좋겠다.
강정옥	…

임공우	피아노 학원 다시 다녀.
	배우고 싶어 했잖아.
	배워서 들려줘.
	나중에 우리 애기 생기면 가르치기도 하고.
강정옥	…
임공우	…싫어?
강정옥	그래도 괜찮아요?
임공우	몇 푼이나 된다고. 괜찮아.
	내 약값이랑 담뱃값만 줄여도 충분해.
	다 끊어 볼라니까.
강정옥	… 고마워요.
임공우	(일어나 기지개를 펴며) 힘들다.
	좀 쉬었다 해야지.

임공우, 소파에 가서 눕는다.

강정옥	(임공우에게 다가가며) 여기서 웅크리지 말고 들어가서 눈 좀 붙여요.
임공우	아, 금방 일어날 거야.
강정옥	잠깐이라도 제대로 자요. 깨워 줄 테니까.
임공우	괜찮다니까.
강정옥	감기 걸려요.

강정옥, 임공우를 떠 밀어 방으로 들어간다.
잠시 후, 강정옥, 피아노 악보집을 들고 나와 소파에 앉는다.
악보집을 펼쳐 책갈피에서 편지를 꺼내 읽는다.

편지를 다시 책갈피에 넣고 악보집을 덮어 품에 안는다.
가게 안을 서성인다.
강정옥, 다림대 서랍을 열어 종이와 볼펜을 꺼낸다.
소파에 앉아서 편지를 쓴다.

10.
성현기, 완가봉 된 양복 상의를 입은 채로 거울을 보고 있다.
임공우, 그 옆에 서서 성현기를 보고 있다.
강정옥, 성현기의 상의를 들고 서 있다.

임공우   어떠십니까?

성현기, 대답 없이 몸을 움직이며 거울 속을 꼼꼼하게 들여다본다.

임공우   불편하십니까?
성현기   …
임공우   마음에 안 드십니까?
성현기   너무 마음에 들어도 안 되지 않겠습니까?
임공우   네?
성현기   뭐든 뭔가 허전한 게 남아야 다시 찾을 생각이 들지요.
임공우   …

성현기, 완가봉 상의를 벗어 임공우에게 건넨다.

임공우   시간을 주십시오. 다시 하겠습니다.

성현기	하하하. 아닙니다.
	마음에 듭니다.
	지난번보다 훨씬 편합니다. 아주 부드러운 느낌이 듭니다.
임공우	감사합니다.
	그럼 본봉(本縫)에 들어가도록 하겠습니다.
성현기	끝까지 잘 부탁드립니다.
	마무리가 잘 되면 저는 사장님께 계속해서 일을 드리고 싶
	습니다.
	동료, 부하들에게 적극 추천하겠습니다.
임공우	영광입니다.
성현기	언제 시간 되시면 식사 대접을 하고 싶습니다만.
임공우	괜찮습니다.
성현기	사장님과는 이야기가 재밌게 될 것 같습니다.
	사모님과도 잘 통할 것 같고요.
임공우	뭐 우리 같은 사람들이야… 말씀만이라도 고맙습니다.
	국장님, 그럼… 계약서를 써도 되겠습니까?
	가봉(假縫)도 끝나고 이제 본봉에…
성현기	아, 그런 절차가 있습니까?
임공우	네. 제가 미리 살폈어야 했는데 늦어졌습니다.
성현기	아이고, 저런. 계약금도 미리 드렸어야 했군요.
임공우	아닙니다. 그건 여유 있으실 때 주셔도…
성현기	제가 생각이 짧았습니다.
임공우	아닙니다.
성현기	네. 지금 작성하도록 하지요.
	이 것 참, 원단 값이라도 미리 드렸어야 했던 건데.

임공우, 재단대 서랍을 열어 계약서와 볼펜을 꺼낸다.
강정옥, 품속에서 편지를 꺼낸다.
들고 있던 성현기의 상의 주머니 속에 편지를 넣어
성현기에게 건넨다.
성현기, 상의를 입는다.
임공우, 계약서와 볼펜을 성현기에게 건넨다.

임공우 자, 읽어보시고 여기 요 밑에 사인해 주시면 됩니다.

성현기 (흠칫 놀라며) 여기 동그라미 수가…

임공우 네, 여섯 개…

성현기 …

임공우 …이백만원…

성현기 아아, 얼핏 이십만원으로 보여서요… 하하.
뭔가 잘 못 된 게 아닌가 하고요. 하하.

임공우 하하하.

성현기 하하. 가격이 무난합니다.

임공우 최고급을 원하셔서 아껴두던 호주산 양모를 썼습니다.
이 게 사실 고급 기지이긴 합니다.
이삼십만원짜리 하고는 비교가 안 되지요.
뭐, 솔직히 최고급은 못됩니다.
찾으신다면야, 서울에서 구해 올 수도 있습니다.
가격은 한 오백 정도…
처음이라 원단 값만 계산했습니다.

성현기 그러면 안 됩니다. 제 값을 받으셔야죠.

임공우 아닙니다.
이 재료가 주인 만날 날이 올지 기대를 못했었습니다.

기회를 주신 것만으로도 충분합니다.

성현기, 계약서에 사인을 한다.
주머니 속에 손을 넣어 지갑을 꺼낸다.
편지가 딸려 나와 땅에 떨어진다.
강정옥, 당황하며 편지를 줍는다.

강정옥   (성현기에게 편지를 건네며) 여기요.
성현기   (멈칫하다가) 감사합니다.

성현기, 편지를 주머니 속으로 넣는다.

성현기   (지갑을 펼쳐 수표 세장을 꺼내며)
          어떡하죠? 제가 오늘은 일단 이 정도만 드리고 가겠습니다.
임공우   괜찮습니다. 편하실 대로 하십시오.
          지금은 그냥 가시고 나중에 주셔도 됩니다.
성현기   삼십만원입니다.
임공우   고맙습니다.
성현기   나머지는 나중에 드리겠습니다.
임공우   네.
성현기   기분이 아주 좋습니다, 사장님.
임공우   제가 드릴 말씀입니다.
          아, 연대장님은 잘 만나셨습니까?
성현기   네? 아, 네.
          그럼 이만. 나오실 것 없습니다.
임공우   살펴 가십시오.

강정옥	조심히 가세요.

성현기, 출입문을 열고 나간다.
임공우, 소파에 앉는다.

임공우	다행이지?
강정옥	… 네.
임공우	잘 됐어. (전에 바늘에 찔린 손가락을 보며) 아까징끼 어디다 뒀지?
강정옥	(임공우의 손가락을 보며) 아파요? 어디 봐요. 어머, 부었네. 빨간약 가지고는 안 될 것 같은데. 같이 약국 가 봐요.
임공우	됐어. 아까징끼 한 방울이면 돼. 어지간한 병균은.

강정옥, 쪽문을 열고 들어간다.
고상오, 출입문을 열고 들어온다.

고상오	뭐하냐?
임공우	어, 왔어.
고상오	고되 보인다. 어디 아프냐?
임공우	오늘 부대 뭐 있었어? 연대장.
고상오	연대장? 휴가 받아서 서울 집에 갔는데.
임공우	언제?
고상오	엊그저께.

강정옥, 소독약을 들고 나온다.

강정옥   오셨어요.
고상오   아이고, 갈수록 얼굴이 확 퍼 가십니다.
강정옥   뭘요…

강정옥, 임공우에게 소독약을 건넨다.
임공우, 손가락에 소독약을 바른다.

고상오   어디 베였냐? 봐봐.
            음마, 고름 짜야겠는데.
            너, 이거 발라 가지고는 택도 없어.
임공우   호들갑 떨지 마.
고상오   마, 이렇게 계속 놔두면 파상풍 걸린다, 너.
강정옥   저, 약국 갔다 와요.
임공우   괜찮다니까.

강정옥, 출입문을 열고 나간다.

임공우   너, 그 때 그 거 뭐였냐?
고상오   뭐?
임공우   그 때 그 거. 다시 찾으러 왔던 거.
고상오   뭐?
임공우   아, 일급비밀이라 그랬던 거.
고상오   일급비밀? 뭐지?
            아, 음어표!

임공우	음어표?
고상오	그 때, 잃어버린 줄 알고 똥줄 탔다니까.
임공우	왜, 중요한 거야?
고상오	암호니까 중요하지.
	그 거 잃어버리면 전군이 비상이야. 비상.
	기냥, 옷 벗어야 된다니까.
임공우	잃어버려도 모른 척 하면 되겠네.
고상오	엥?
임공우	아니다.
	난 뭐 대단한 거라도 되는 줄 알았다.
	연애편지라도 되는 줄 알았지.
고상오	히히히. 깔따구라도 하나 있었으면 좋겠다. 지미.
	요새는 사냥 안하냐?
	마, 갑원이 불러서 소주나 한 잔 하자.

임공우, 일어나서 산탄총을 잡는다.

임공우	사냥, 그 거 좋지.

임공우, 총을 들어 사격자세를 취한다.
조준구에 눈을 붙이고 가게 안을 쭉 훑는다.
총구가 성현기의 완가봉 양복 상의에서 잠시 멈춘다.
총구, 다시 움직여 출입문을 향할 때
강정옥, 연고를 들고 들어온다.
강정옥, 놀라서 연고를 떨어뜨린다.

11.

임공우, 재단대 앞에 앉아 바느질을 하고 있다.
강정옥, 쪽문을 열고 나온다.
외출복을 입고 화장을 했다.
피아노 악보집을 넣은 가방을 들었다.

임공우　　따뜻하게 입고가.

강정옥　　금방 올 건데요. 뭐.

임공우　　장갑 끼고.

강정옥　　알았어요.

임공우　　조심하고.

강정옥　　네. 손가락은 괜찮아요?

임공우　　괜찮아.

강정옥　　완성 날이 내일까진데…

　　　　　　얼른 갔다 와서 도와드릴게요.

임공우　　뭘, 시침질하고 단추 달면 끝인데.

강정옥　　저녁상 차려 놨으니까 드세요.

　　　　　　미역국 끓여 놨으니까 데워 드시고.

임공우　　좋아?

강정옥　　…

임공우　　잘 하고 와.

강정옥　　갔다 올게요.

강정옥, 출입문을 열고 나간다.
임공우, 창밖으로 강정옥이 사라지는 모습을 지켜보다가
다시 바느질을 시작한다.

잠시 후, 김갑원, 출입문을 열고 들어온다.

김갑원	형수님은 학원 가시나 봐요?
임공우	응.
김갑원	피아노학원이야 시동에도 많은데, 먼 길 꼬박꼬박 잘 다니시네요.
임공우	코흘리개들 가르치는 곳이랑 같냐, 임마. 니 형수는 달라.
김갑원	오늘 바빠요, 형님? 있다가 사냥 안 가실래요?
임공우	왜? 몸이 근질근질하냐? 총도 못 쏘는 놈이.
김갑원	네. 오늘 눈 무지스럽게 온다고 그러던데.
임공우	(창밖을 보며) 눈 올 하늘이 아닌데.
김갑원	왜요? 몸이 꾸물꾸물스러운 게 딱 올 것 같은데요.
임공우	젊은 놈이 벌써부터.
김갑원	뉴스 못 보셨어요? 분명히 온다고 그랬는데. 눈 오면 잡기 쉬운 애들 많다면서요? 사슴, 노루, 토끼…
임공우	됐어, 임마. 바뻐. 내일이 기일이야.
김갑원	와, 드디어 내일입니까?

고상오, 출입문을 열고 들어온다.

고상오	갑원아, 짤순이 또 안 된다.

김갑원	아이 참.
	그 거 한 번에 조금씩만 넣고 돌려야 되는데.
고상오	어떻게 다시 좀 해봐.
김갑원	또 왕창스럽게 돌려 버렸구만.
고상오	애들, 겨울철이라 빨래 때문에 난리다.
김갑원	죽은 엔진 겨우 살린 건데.
	거, 이제 안 되는데.
고상오	바꿔달면 되잖아?
김갑원	엔진 사려면 홍천 나가야 되요.
고상오	그래?
	오늘은 틀렸네. 눈 겁나게 온다더만.
	또 시동 바닥 버스 죄다 끊기겠구만.
	부대 애들 낼 아침에 눈 치우느라고 죽을라 그러겠다.
임공우	많이 온대?
고상오	몰랐냐? 대설주의보 떨어졌어.

실내가 어둑해진다.

고상오	(창밖을 보며) 음마, 몰려오는 갑다.
	가야 되겠다. 하필 이런 날 일직이야.
	잠자긴 다 글렀구나. 나, 간다.

고상오, 출입문을 열고 나간다.

| 김갑원 | 형수님은 괜찮스러울까요? |
| 임공우 | 뭐가? |

김갑원	아니, 길 막히면.
	해 마다 난리스럽잖아요?
	조금만 와도 툭하면 버스 끊기고.
임공우	알아서 오겠지. 애도 아닌데.
김갑원	형수님, 핸드폰도 없잖아요?
임공우	…
김갑원	사냥… 안 가실 거지요?
	저도 가 볼게요.

김갑원, 출입문을 열고 나간다.
임공우, 문가에 기대서서 하늘을 올려다본다.
어둠이 몰려온다.

12.

임공우, 창밖을 보고 서있다.
출입문을 연다.
눈발이 날려 들어온다.
폭설이다.
임공우, 시계를 본다.
가게 안을 서성이다가 다림대 앞에 앉는다.
바느질을 한다.
손가락이 아프다. 바늘을 놓고 창밖을 본다.
쉼 없이 쏟아지는 눈.
김갑원이 출입문을 열고 들어온다.

김갑원	(눈을 털어내며) 아이고, 벼락이 쳐요. 눈 벼락.

형수님 아직 안 오셨지요? 길 끊어 졌다는데.

임공우   …

김갑원   전화는요?

임공우   … 응. 왔었어.

김갑원   괜찮스럽대요?

임공우   그럼 임마, 거 홍천에 니 형수 동창들 많아.

김갑원   잘 됐네요. 철물점 양씨 아저씨가 그러는데 난리도 아니래요.

버스 중간에 서 가지고 꼼짝도 못하고, 자가용 미끄러져서 쳐 박고…

임공우   곧 그치겠지 뭐.

김갑원   내일 아침까지는 계속 온대요.

그래도 형수님은 다행스럽네요. 묵을 곳이라도 있어서.

(창밖을 보며) 아이구, 점점 더 와요.

한 번 쓸어줘야지 안되겠어요.

갈게요. 형님.

임공우   갑원아, 미안한데, 하는 김에 우리 가게 앞도 좀 쓸어주라.

내가 오늘 좀 바쁘다.

김갑원   알았어요.

혼자서 적적스러우시겠어요. 눈도 오는데.

그래도 내일 이면 완성인데. 수고하세요. 형님.

김갑원, 출입문을 열고 나간다.

임공우, 가게 안을 서성이며 시계를 본다.

소파에 앉아 전화기를 보다가 전화를 건다.

270

임공우　홍천경찰서 번호요.
　　　　네. 네? (전화가 혼선이 된다.) 여보세요? 여보세요?

　　　　임공우, 전화를 끊는다.
　　　　전화를 다시 걸려고 하는데 전화벨이 울린다.

임공우　여보세요.
　　　　(버럭) 아, 왜 이제 전화를 해!
　　　　어떻게 된 거야?
　　　　…
　　　　괜찮아?
　　　　응. 응.
　　　　그래서?
　　　　응. 응.
　　　　미희? 미희가 누구야?
　　　　응. 알았어. 그래.
　　　　괜찮겠어?
　　　　전화를 빨리 좀 하지.
　　　　됐어. 응. 그래.
　　　　자기 전에 전화해.
　　　　알았어. 괜찮아. 응.
　　　　조심하고.
　　　　그래.

　　　　임공우, 전화기를 내려놓는다.
　　　　재단대로 가서 바느질을 한다.

갑자기 형광등이 꺼진다.

정전.

잠시 후, 형광등이 다시 켜진다.

임공우, 계속 바느질을 하다가

아픈 손가락을 주무르며 창가로 간다.

창밖을 보다가 시선을 돌려서 가게 안을 훑는다.

임공우, 재단대로 돌아와 다시 바느질을 시작한다.

시계를 본다. 창밖을 본다.

충동적으로 서랍을 열어 약을 꺼낸다.

먹지 않으려고 몇 번을 망설이다가

입에 넣는다.

임공우, 다시 바느질을 시작한다.

시계를 본다. 창밖을 본다. 전화기를 본다.

일어나 쪽문을 열고 방으로 들어간다.

잠시 후, 방 안에서 풍금소리가 들려온다.

건반을 누르는 몇 번의 소리. 따다당, 따다당…

형광등이 꺼진다.

정전.

건반을 두드리는 몇 번의 소리. 땅, 땅, 따앙…

풍금소리 멈추고 잠시 후,

임공우, 촛불을 들고 나온다.

촛불을 재봉틀 옆에 놓는다.

재단대 위에 놓여있던 성현기의 양복을 재봉틀로 옮긴다.

임공우, 재봉틀 앞에 앉아 발판을 밟기 시작한다.

두루룩, 두루룩… 바늘 움직이는 소리가 들린다.

임공우, 발판을 밟으며 고개를 숙이고 어깨를 들썩이며 재봉틀을 돌린다.

마치 풍금을 연주하는 모습처럼 보인다.

두룩, 두루룩, 두루루루룩… 재봉틀 돌아가는 소리가 계속된다.
어디선가 풍금소리가 들려온다.
촛불에 어른거리는 베토벤의 얼굴, 임공우의 뒷모습.

13.
햇살이 눈부시다.
다림대 앞 옷걸이에 잘 다려진 성현기의 흰색 양복이 걸려있다.
탁자 위에 촛농만 남은 초가 놓여있다.
임공우, 소파에 웅크린 채 잠을 자고 있다.
강정옥, 출입문을 열고 들어온다.
성현기의 양복을 본다.
호흡을 고르고 임공우를 흔든다.
임공우, 일어난다.

임공우 어… 왔어?

(시계를 본다.) 어히고… 정신없이 잤네.

강정옥 밤샜어요?

임공우 응.

강정옥 고생하셨어요. (성현기의 양복을 보며) 멋있어요.

임공우 내가 뭐 한 게 있나. 입을 사람이 멋있으니까 옷도 멋있지.

강정옥 걱정 많이 했지요?

임공우 전화하기가 그렇게 힘들어? 다시 한다고 했잖아?

강정옥 어제 전기고 전화고 뭐고 다 끊어 졌어요.

참, 정전 됐는데… 어떻게… (초를 본다.) …

임공우 걱정도 안 했나 보네.

강정옥	아네요.
임공우	그 친구는 핸드폰도 없어? 갑원이 통해서라도 한 통 하지.
강정옥	그 시간에 미안해서…
임공우	피곤해 보여. 별 일 없었고? 잠은 잘 잤어?
강정옥	네.

김갑원, 출입문을 열고 들어온다.

김갑원	와, 겁스럽게 퍼 부울 땐 언제고 하늘이 화창스럽네요.
	형수님, 욕 보셨겠어요.
강정옥	아, 네…

고상오, 눈삽을 들고 들어온다.

고상오	안녕들 허십니까?
	강여사님, 들어오셨네요.
	어제 못 넘어 오셨다면서요?
	꽁우 홀 애비 만들고 신나셨겠습니다. 하하.
임공우	가서 눈이나 치워 임마.
김갑원	형님 작품 구경 왔어요.
고상오	(성현기의 양복을 발견하고) 야, 이백짜리가 저거냐?
	(양복 앞으로 다가가며) 와, 죽이네.
임공우	건들지 마. 때 타니까.
김갑원	멋스럽네요. 저 걸 형님 손으로 만드신 거예요?
	(임공우의 손을 잡는다.)
임공우	(손가락 통증을 느끼며) 아!

274

김갑원	(손을 놓으며) 어이쿠. 괜찮으세요…?
임공우	괜찮아, 괜찮아.
강정옥	연고 발랐어요? 계속 발라요.
임공우	응. 바르고 있어. 괜찮아.
고상오	세상에 누가 흰 양복을 입고 다니는 가 했더니만 가후가 그 대로 나온다. 히야, 와, 국장 그 양반이랑 잘 어울리겠어. 응?
임공우	왜 입고 싶냐?
고상오	왜 한 벌 공짜로 해 줄라고?
김갑원	형님, 혹시 천 남은 거 없어요? 우리 우주 양복 해 입혀 놓으면 엄청스럽게 귀엽스러울 것 같은데.
임공우	니들 말로만 그러지 말고 한 벌 씩 해 입어 자식들아. 내가 보너스로 저 사람이랑 데이트 한 번씩 시켜 줄라니까.
고상오	진짜? 내가 그럼 한 벌 해 입지. 해 입는다. 내가.
강정옥	장난치지 마세요.

성현기, 출입문을 열고 들어온다.

고상오	충성!
성현기	밤새 안녕 하셨습니까?
임공우	오셨습니까.
성현기	별 탈들 없으셨습니까? 어제 많이 답답하셨지요? 공직에 몸담고 있는 사람을 대표해서 사과드립니다.
고상오	아, 아닙니다.

강정옥	일찍 오셨네요.
성현기	네. 오후에는 시간이 나지 않을 것 같아 서둘렀습니다.
	다행히 도로 제설 작업이 잘 이뤄져서요.
고상오	아, 대단합니다. 그 모두가 도시국장님의 힘 아니겠습니까?
성현기	하하. 아닙니다. (고상오의 눈삽을 보며)
	일선에서 이렇게 수고해주시는 덕분입니다.
	자, 그럼 옷을…
임공우	(양복을 들어 보이며) 약속 드렸던 대로 최선을 다했습니다.
	자, 이리로 오시지요. (쪽문을 연다.)

임공우와 성현기, 방으로 들어간다.

고상오	어쩜 저렇게 신사냐? 안 그래요? 강여사님.
강정옥	네.
김갑원	머리부터 발끝까지 품위스러움 그 자체스러움이네요.
고상오	(김갑원의 말투를 비꼬며) 아이고, 그러셨스러우세요?
	언제 저양반이랑 술 한 잔 해야 하는데.
	강여사님, 밥 한 끼 하자고 입질 좀 넣어요.
	내가 팔봉가든 가서 소갈비 쏠 테니까.
김갑원	거기 비싸요. 갈비 한 대에 몇 만원 씩 한다고 그러던데.
고상오	너랑 나랑 라벨이 갔냐?
	마, 너 나 군복 입고 다니니까 탕수육 밖에로 안 보이지?
	이참에 나도 한 벌 해 입어버려.
	(진열장 옷감을 살피며) 객관적으로 나는 흰색은 무리고…
	여기 체크, 이 거 괜찮네.
김갑원	거기 밤색은 내가 찜한 거래요.

고상오   꼭 골라도… 치, 하긴 잘 어울린다.

야, 우리 한 벌 씩 해 입을까?

강여사님, 둘이 같이 맞추면 세일 안 되나?

강정옥   (쪽문 앞을 서성이다가) 네?

쪽문이 열린다.

양복을 입은 성현기, 뒤따라 임공우가 나온다.

고상오   (박수를 치며) 원더풀! 굿입니다. 굿!

김갑원   멋있어요.

성현기   별 말씀을요.

성현기, 전신 거울 앞에 선다.

흡족한 표정을 짓는다.

성현기   (강정옥에게) 사모님이 보시기엔 어떠십니까?

강정옥   잘 어울리시는 것 같아요. 흰색이랑.

성현기   하하. 그러세요?

(임공우에게) 아주 마음에 듭니다.

좋습니다.

임공우   감사합니다.

자, 그럼 다시 들어가시지요.

임공우와 성현기, 방으로 들어간다.

김갑원   확실히 이백만원스럽네요.

고상오	그러게.
	(진열장의 옷감을 만지며)
	강여사님, 차이가 많이 나요? 가격대별로.
강정옥	아무래도…
김갑원	진짜 하시게요?
	형님, 입을 일도 별로 없잖아요?
고상오	마, 많어, 임마.
	결혼식, 장례식, 회갑, 졸업식, 입학식, 동창회…
김갑원	형님은 정복 있잖아요?
고상오	정복이랑 같냐?
김갑원	그리고 형님 양복 사 입잖아요?
고상오	…그 거야 그랬지… 근데 꽤 됐어. 그 회색 더블 그거, 이 년이 넘었다.
	싸구려라 그런지 벌써 엉덩이 같은데가 막 일어난다니까.
김갑원	그럼 한 벌 하세요.
고상오	너는? 같이 하자.
김갑원	아휴, 됐어요. 저야 입을 일도 없고.

쪽문이 열린다. 임공우와 성현기가 나온다.
강정옥, 임공우에게 양복을 건네받아 포장상자에 넣는다.

성현기	(주머니에서 흰 봉투를 꺼내 임공우에게 건넨다.)
	수고하셨습니다. 세어보십시오.
임공우	감사합니다. 맞겠지요, 뭐.
성현기	(임공우에게 악수를 청하며)
	고생 하셨습니다. 아주 잘 하셨습니다.

임공우　　(악수를 받으며 고개를 숙인다.)

　　　　　　국장님 덕분입니다.

　　　　　　성현기, 김갑원과 고상오와도 악수를 나눈다.

　　　　　　고상오는 관등성명을 외친다.

　　　　　　강정옥, 성현기에게 포장상자를 건넨다.

성현기　　(강정옥에게 고개를 숙이며) 즐거웠습니다. 다시 뵙겠습니다.

강정옥　　(목례하며) 마음에 드신다니 다행입니다.

임공우　　오래오래 입으십시오.

성현기　　하하. 글쎄요. 그 건 천천히 입어 봐야 알겠지요.

　　　　　　고상오, 출입문을 연다.

　　　　　　성현기, 나간다.

　　　　　　모두, 뒤따라 나간다.

14.

　　　　　　임공우, 바느질을 하고 있다.

　　　　　　김갑원, 임공우 옆에 앉아있다.

임공우　　그렇게 좋냐?

김갑원　　귀엽스럽잖아요?

　　　　　　임공우, 바느질 하던 옷을 쫙 펴본다.

　　　　　　아동용 양복이다.

임공우	맞겠지?
김갑원	그럼요. 치수까지 다 쟀는데.
임공우	그래도 애들은 하루가 달라.
	조금 넉넉하게 하긴 했다만.
김갑원	고마워요, 형님.
임공우	상오가 인심 썼지 뭐…
	고마우면 우주 동생 하나 더 낳아라.
	낳아서 물려 입혀.
김갑원	능력이 안 되는데요 뭐. 우주 하나 키우기도 쉽지가 않아
	요.
	형수님은 좀 늦으시나 봐요?
임공우	(시계를 본다.) 일요일이라 서울 가는 차들로 꽉 막혔겠지 뭐.
김갑원	피아노가 그렇게 좋으신가 봐요.
	갈수록 너무 이뻐스러워지시고, 화장도 좀 화사스러워지시
	고.
	부쩍스럽게 더 많이 웃으시고.
	두 분 다 보기 좋아요. 전 보다 좋게 지내시잖아요?
	이러다 좋은 일 생기는 거 아닌가 모르겠어요?
임공우	좋은 일?
김갑원	이 옷, 형님 애한테 물려주면 좋잖아요.
임공우	흐, 짜식이 형님을 놀리네. 응?
김갑원	우주 엄마가 그러는데 평창에 한약 잘 하는 집 있대요.
	애기 잘 갖게 한다고…

고상오, 출입문을 열고 들어온다.
체크무늬 양복을 입고 있다.

임공우가 만들고 있는 아동용 양복과 옷감이 똑같다.

고상오	겨울은 가는데 날씨는 풀리질 않냐, 춥다.
임공우	마, 그렇게 입고 다니니까 춥지.
	봄에 입으라니까.
김갑원	훤하네요. 형님.
고상오	너, 씨, 기지 값 내놔.
김갑원	아, 저번에 말 다 끝났잖아요.
고상오	그 땐 술기운에 그런 거고.
	쪽팔려서 어떻게 입고 다녀, 응?
	우주 학교 갈 때는 입혀 보내지 마라.
임공우	왜? 세트로 보기 좋겠구만.
김갑원	그래요, 형님, 나중에 저 한번만 빌려 주세요.
	부자지간 기념사진 한 방 박게요.
고상오	거저먹어라. 거저먹어. 자식이 스멀스멀 말이야.
김갑원	어디 갔다 오세요?
고상오	춘천에. 사촌동생 결혼식.
	맞다. 야, 근데 오늘 강여사 혹시 춘천 갔었냐?
임공우	춘천? 아니.
고상오	흐, 내가 잘 못 봤나?
임공우	왜?
고상오	버스 타고 가다가 얼핏 본 것 같아서.
임공우	옷 색깔 기억나?
고상오	아니, 워낙 빨리 지나가서…
김갑원	그러면 뭐, 얼굴도 못 보셨겠네요.
고상오	흠… 맞는 것 같은데…

춘천 안 갔다며? 그럼 아니네, 뭐.

임공우 비슷한 사람을 봤겠지.

춘천 갈 시간이 어디 있어?

피아노 학원 갔다 오기도 벅찬데.

차는 안 막혔어?

고상오 일요일 치고는 괜찮던데.

임공우, 손가락을 주무른다.

고상오 갑자기 인상이 왜 그래?

봐봐, (임공우의 손가락을 만지며)

야, 너 이거 언제 다친 건데 아직도 이러냐?

성국장 흰 양복 만들 때 그렇게 된 거 아니야?

근 한 달이 넘었구만.

김갑원 병원 가보세요. 형님.

고상오 얼른 가봐 임마. 너 이러다 이거 손가락 잘라야 될 수도 있어.

김갑원 많이 아파요?

임공우 괜찮아.

고상오 너, 파상풍이면 큰일 나는 거야.

임공우 (버럭) 알았어.

고상오 근데 성국장 그 사람은 옷 가져간 후로는 인사 한 번을 안 오네.

뻔질나게 드나들던 양반이.

김갑원 뭔 인사를 와요? 여기에.

고상오 그래도 임마, 그러는 게 아니야, 마.

우리가 그렇게 인간적으로 접근을 했으면 말이야. 사람이 좀…

김갑원   흰 양복 질리면 새 옷 맞추러 오겠지요.

고상오   야, 출출한데 춘천댁 가서 곱창이나 씹자.

김갑원   (일어나며) 형님도 같이 가요.

임공우   난 됐다.

고상오   요즘엔 사냥 안 나가냐?
　　　　　멧돼지 불알 그 거 죽였었는데.
　　　　　간다.

김갑원   수고하세요.

고상오와 김갑원, 출입문을 열고 나간다.
임공우 시계를 본다.
잠시 후, 강정옥, 출입문을 열고 들어온다.

임공우   늦었네.

강정옥   차가 많이 막혔어요.
　　　　　일요일이라 서울 올라가는 차들이…
　　　　　얼른 저녁 할게요.

임공우   무슨 일 있었어?

강정옥   아니요.

임공우   얼굴이 왜 그래? 어디서 울다 온 사람처럼.
　　　　　요 며칠 통 안색이 안 좋네.

강정옥   … 피곤해서 그래요. 차 안에서 치쳐서.

임공우   혹시… 오늘…

강정옥   …

임공우	아니다…
	나 조만간에 춘천 한번 갔다 올라고.
강정옥	… 네?
임공우	뭘 그렇게 놀래?
강정옥	… 아니… 춘천엔 왜?
임공우	(손가락을 보이며) 병원 한 번 가 보려고.
강정옥	(임공우의 손가락을 만지며) 거 봐요. 많이 아파요?
임공우	아니 심하진 않은데. 애들이 자꾸 가보라고 그러네.
강정옥	그래요. 근데 왜 춘천까지 가요? 홍천도 있는데.
임공우	아니, 이왕 나서는 김에 기지 새로 나온 것도 좀 보고
	성국장님, 한 번 찾아뵐라고. 도청에.
강정옥	…
임공우	(강정옥의 손을 잡으며) 같이 갈까?
강정옥	… 오토바이 타고 가실 거잖아요?
임공우	왜?
강정옥	추워요.
임공우	싫으면 버스타고 가도 되고.
강정옥	그 날 봐서요.
임공우	알았어. 밥 먹자. 배고프다.

강정옥, 쪽문을 열고 들어간다.
임공우, 서랍을 열어 약을 꺼낸다.
입에 넣으려고 몇 번을 망설이다가
약을 쓰레기통에 버린다.

15.

강정옥, 창밖을 보고 서 있다.
가게 안을 서성인다. 시계를 본다.
소파에 앉는다.
전화기를 든다.
오토바이 소리가 들려온다.
전화기를 놓는다.
잠시 후, 임공우가 출입문을 열고 들어온다.

강정옥	왜 이렇게 늦었어요?
임공우	…
강정옥	추웠죠?
임공우	뭐, 그냥.
강정옥	손가락은?
임공우	…
강정옥	괜찮대요?
임공우	…응.
강정옥	뭐래요?
임공우	…괜찮아 질 거래.
강정옥	그런데 얼굴이 왜 그래요? 술… 마셨어요?
임공우	찬바람 맞아서 그렇지 뭐.
강정옥	다행이다, 손가락. 걱정 했었는데.
임공우	안 궁금해?
강정옥	네?
임공우	국장님.
강정옥	…잘 있어요?

임공우, 사 들고 온 양복 옷감을 진열대에 건다.
옷감들 속에 세워져 있던 산탄총이 앞으로 쓰러진다.
임공우, 산탄총을 든다.
총을 만지작거리며 대화를 한다.

임공우   미국 가셨대.

강정옥   미국?

임공우   응.

강정옥   어머. 언제요?

임공우   지난주에 인수인계 끝내시고 어제 출발하셨나봐.

강정옥   미국엔 왜?

임공우   연수? 파견이라 그랬던가… 아무튼, 가족들이랑 같이 가셨
           다는데.
           뭐, 자세하게 말을 해 줘야지 말이야.
           내 주제에 꼬치꼬치 물을 수도 없고.

강정옥   그럼… 언제 온대요?

임공우   2년이 될지, 4년이 될지 모른다고 하더라구.

강정옥   … 놀랐겠어요?

임공우   뭐, 조금 섭섭해. 서운해.
           연락이라도 한 번 주고 가시지 말이야.
           인사라도 한 번 드렸으면 오죽 좋아. 먼 길 가시는데.

산탄총을 옷감들 속에 다시 세워 놓는다.

강정옥   (임공우가 사온 옷감을 만지며) 좋다.
           색깔도 좋고.

286

임공우	그렇지?
강정옥	김약국 할아버지도 양복 맞출 생각 있는 것 같던데.
	아까 기지 구경하고 갔어요.
	고상사님 옷 괜찮다고…
임공우	그래?
강정옥	끊기 힘든 약인데 대견하다고…
임공우	거, 홍천 왔다 갔다 하기 힘들지 않아?
	전에는 몰랐는데 오늘 나가 보니까 보통 거리가 아니야.
	학원 안 다니면 안돼?
강정옥	…
임공우	대신 피아노 사자.
	뭐가 좋을까? 삼익? 영창?
강정옥	돈이 어디 있어요?
임공우	오늘 몇 군데 둘러봤어.
	이백이면 괜찮은 거 한 대 뽑을 수 있겠더라고.
강정옥	그 돈을 어떻게 써요? 어떻게 해서 번 돈인데.
임공우	임자도 고생했잖아.
강정옥	내가 뭘…

출입문이 열린다. 박승조가 들어온다.

박승조	안녕하셨어요.
임공우	왔냐.
강정옥	어서와.
임공우	왜 저번에 멧돼지 가지러 안 왔어? 오라니깐.
박승조	지겹게 먹는 게 고긴데요, 뭐.

임공우	(강정옥에게) 승조 줄 거 냉동실에 그대로 있지?
강정옥	네.
박승조	아휴, 괜찮아요.

임공우와 박승조, 소파에 앉는다.
강정옥, 쪽문을 열고 들어간다.

박승조	춘천 가기 전에 인사드리러 왔어요.
	가면 당분간 못 볼 것 같아서요.
임공우	그래, 잘 왔다.
	언제 가는데?
박승조	모레가 상가 입주식이에요.
임공우	음, 잘됐다. 너야 원채 요령 안 피우고 성실하니까.
박승조	선생님한테 배웠죠, 뭐. (쪽문 위에 걸린 액자를 보며) 정숙하라! 히히히.
임공우	하하, 짜식.
	너… 홍천 세탁소는 그럼 앞으로 누가 하냐?
박승조	아직 잘 모르겠어요. 동생 찜질방 견적이 나와 봐야 하는데 일단은 제 조수한테 맡겼어요.
	헐 때 헐더라도 워낙 단골도 많고, 목도 좋고 하니까.
임공우	세탁소 하면 특별하게 바느질 할 일은 없지?
박승조	뭐, 그렇다고 봐야죠.
	어지간한 거 미싱으로 돌려버리면 되니까요.
임공우	뭐, 손가락 하나 정도 없다고 해도 별 지장 없을 거 아니야?
박승조	네?

임공우	다림질하고 미싱 돌리고 빨래하는데… 그치?
박승조	그거야 그렇죠.

강정옥, 나온다.
멧돼지 고기를 담은 비닐봉지를 탁자 위에 내려놓는다.

박승조	사모님, 어디 아프세요?
강정옥	… 왜요?
박승조	아니요. 눈 밑이 너무 어두우셔서…
	살이 빠지신 건가…?
임공우	아버지는 건강하시지?
박승조	그럼요.
임공우	승만이는?
박승조	그 녀석 때문에 죽겠어요. 맨 날 사고만 치고.
임공우	막내라서 그래.
박승조	저, 이제 일어나 볼게요.
임공우	벌써 가게?
강정옥	밥 먹고 가지.
박승조	딱 인사만 드리고 가려고 왔어요.
	(시계를 보며) 아휴, 늦었다. (고기를 들고 일어난다.)

임공우, 출입문을 열어준다.
박승조, 인사한다.

강정옥	잘 가.
임공우	고맙다. 와 줘서.

박승조, 나간다.
임공우, 문가에 기대서서 한참 동안 잘 가라는 손짓을 한다.
강정옥, 그런 임공우의 모습을 지켜본다.

16.
임공우, 재단대 앞에 앉아서 디자인 스케치를 하고 있다.
임신한 강정옥, 소파에 앉아있다.
멀리 창밖을 응시하고 있다.
임공우, 펜을 놓고 강정옥의 모습을 지켜본다.
김갑원, 출입문을 열고 들어온다.

김갑원	형님, 저 다녀왔습니다.
임공우	어, 왔어.
강정옥	오셨어요.
임공우	갑석이 형님은 잘 계시고?
김갑원	네.
임공우	서울 물은 좀 먹을 만 하든?
김갑원	하이고, 거기 사람 살 동네 아니더라고요.
	이틀 동안 답답스러워서 혼났어요.
	공기도 숨이 턱턱 막히고.
	내내 우주엄마랑 싸웠다니까요.
강정옥	왜요?
김갑원	아, 몰라요.
	입덧은 좀 괜찮으세요?
강정옥	좋아졌어요.

임공우	우주는 잘 놀든? 서울은 처음일 텐데.
김갑원	애가 터미널에 딱 내리니까 두 눈이 휘둥스러워져가지고 신 기스러워 하더라구요.
	근데 다들, 옷 고급스럽다고 난리도 아니었어요. 어디서 사 입었냐고요.
	헤헤, 서울 그 촌놈들.
	형님, 우리 오랜만에 사냥하러 가요.
	곰 잡아야지요.
	겨울잠 다 깼을 텐데.
임공우	곰이 어딨냐?
	곰, 그 놈 멀리 도망갔다.
	아니다.

임공우, 진열장 속에 세워져 있는 산탄총을 든다.
사격 자세를 취해본 후,
총을 김갑원에게 준다.

임공우	너 가져.
	오락실 기섭이 데리고 다녀.
	그 자식 사냥 하고 싶어 했잖아.
	곰 잡아와.
	내가 한 턱 크게 쏠 테니까.
김갑원	진짜 주시는 거예요?
임공우	너한테 필요할 거야.

핸드폰 벨이 울린다. 김갑원 받는다.

김갑원   여보세요.

알았어. 아, 왜?

(버럭) 알았어. 알았다고!

김갑원, 투덜대며 전화를 끊는다.

김갑원   형님, 고마워요.

그럼 저는 곰 잡으러 갑니다.

김갑원, 출입문을 열고 나간다.

고상오, 군용 더블백을 어깨에 매고 들어온다.

고상오   안녕들 하십니까?

임공우   왜 또 한 가득이냐?

고상오   말도 마라. 모레 군단장 뜨신단다.

임공우   누구 올 때 마다 난리냐?

고상오   그러게 말이다.

고상오, 다림대 위에 더블백을 올려놓는다.

고상오   부탁 좀 하자.

특히 애들 계급장 달 게 좀 있어.

세상에 계급장을 양면 테이프로 붙이고 다니는 놈들이 있
어.

요즘 애들 왜 그러냐?

강여사님, 어떻게 몸은 좀?

강정옥	많이 좋아졌어요.
고상오	취사장에서 건빵 좀 튀겨다 드릴까?
	그게 입맛 없을 때 괜찮은데.
임공우	고맙다.
고상오	뭘, 우리 사이에.
	그럼 오붓한 시간 보내세요.
임공우	저녁에 놀러와.
고상오	오늘도 근무다.

고상오, 나간다.
임공우, 일어나 강정옥에게 간다.
디자인 스케치를 강정옥에게 보여준다.

임공우	어때?
강정옥	뭐예요?
임공우	내 옷.
강정옥	…
임공우	한 벌 해 입으려고.
	나도 참, 그동안 내 옷 한 벌 해 입을 생각을 못 했어.
	좋게 한 벌 만들어 보려고.
	무슨 색이 좋을까?

임공우, 진열장 속에서 흰색 옷감을 고른다.

임공우	어때?
강정옥	…

임공우   멋있지?

강정옥, 진열장 속에서 회색 옷감을 고른다.

강정옥   나는 이 게 더 좋다.
임공우   회색?

어울려?
강정옥   제일 무난할 것 같은데.

당신 좋은 색으로 해요.
임공우   그래, 알았어. 임자 좋은 색으로 해야지.

임공우, 회색 옷감을 펼쳐 본다.

임공우   속은 좀 괜찮아?
강정옥   네.
임공우   그럼, 피아노 좀 쳐 주라.

듣고 싶다.

강정옥, 쪽문을 열고 들어간다.
임공우, 줄자와 치수기입용지, 볼펜을 가져와 탁자 위에 올려놓는다.
줄자를 들고 혼자서 자신의 몸을 재기 시작한다.

임공우   (치수를 재서 용지 위에 적으며)

가슴, 삼십 육.

허리, 이십 구.

허벅지, 이십 삼…

이십 삼?

아니, 내가 고상사보다 허벅지가 굵어?

그 자식 옷발 안서는 게 다 허벅지 굵어서 그러는 건데.

(허벅지를 다시 재며)

바지통이 평평해지면 각이 안 나오는데.

옷은 말이야…

임공우, 계속 치수를 잰다.

방 안에서 피아노 소리가 들려온다.

창 밖에서 눈이 녹아내리는 소리가 들려온다.

봄볕이 스며들어온다.

임공우의 그림자가 길게 늘어져 휘청거린다.

— 막

올 겨울도 무척 춥습니다.
앞으로 얼마나 많은 존재가, 얼마나 많은 시간이
이 추위를 견뎌야 할까요? 따뜻한 날 올까요?
춥다고
혼자서 남쪽나라 찾아가는 그런 놈은 되지 않겠습니다.
작가는 그래야 한다고
그 것이 쓰는 자의 싸가지라고
배웠기 때문입니다.

헤파이스토스의 슬픔처럼 예술가는 반성이 아닌 성찰을 내미는 존재임을 깨닫게 해 주신 황지우 선생님, 도망갈 때 꿀밤 때려 잡아주신 김석만 선생님, 따끔하게 안아주신 이상우 선생님, 희곡 쓸 용기 만들어 주신 김태웅 선생님, 연극하는 마음 가르쳐주신 장우재 선생님, 햄릿과 소개팅 시켜주신 이종대 선생님… 감사합니다.

지금까지 그랬던 것처럼 앞으로도 함께 갈 박상철, 노동혁, 남동훈, 조정일, 전인철, 서명용, 김용훈, 이재욱, 정신규, 안호일, 김이태, 김경민, 이창근, 원지영, 정윤정, 쵸코, 연극원과 동국대방송국의 선·후배님들…
술 취해 자전거 끌고 집에 들어가던 길, 그 막막한 페달에 희망 주셨던 테네시 윌리엄스, 백석, 체홉, 김현, 김운경, 최승자, 윤대녕, 이와이 순지, 셰익스피어 님… 고맙습니다.
늘 속아주셨던 부모님, 김수미, 김수영, 김동국, 현성일, 김태하, 김서하, 현정민, 현정요…
　사랑합니다.

　윤영선 선생님!
　함께 걷던 컴컴한 흰 눈 길, 잊지 않겠습니다!
　멧돼지처럼
　계속 가겠습니다.

예년에 비해 응모작의 수준이 전반적으로 높았다.

심사 내내 작품 읽는 재미에 빠져 있었고, 단 한 작품만을 선택하기란 결코 쉽지 않았다.

그 중 잔잔하면서도 디테일하고 그러면서 모든 인물이 살아 움직이고, 대사 하나하나가 인위적이지 않고 편안하면서도 상징성을 담고 있는 리얼리즘의 극치를 이룬 〈시동라사〉가 모든 면에 있어서 당선작으로 적합하다고 생각했다.

최종 심사는 의외로 쉽게 끝났다.

우리는 이 작품을 읽었을 때 적어도 작가가 마흔은 넘은, 작가지망생으로 한 십 년은 넘게 습작을 한 사람이라고 생각했다.

심지어는 혹시 활동하던 사람이 아닐까 의심하기도 했다.

(이후 우리는 두 번 놀랐다.)

하긴 작가가 작품을 쓰는데 나이가 무슨 상관이겠냐마는, 인생의 경험이 작품에 배어 나온다는 것을 무시할 수 없다면 그의 다양한 삶을 의심하지 않을 수 없다.

연출자로써 작품을 올려보고 싶은 충동이 들 정도였으니 언젠가 꼭 무대에서 잘 훈련된 연기자와 만났으면 하는 작은 소망을 비추어 본다.

하지만 늘어지는 부분이 노출되어 쓸데없이 긴 장면이 많이 있었고, 극적 동기들이 더 많이 부여되었으면 하는 아쉬움은 남는다.

계속 좋은 사실주의 작품을 써서 우리의 연극적 부흥에 일조하기를 기대한다.

[심사위원=김미도 · 전 훈]

2006 신춘문예 희곡 당선 작품집

초판 1쇄 인쇄 • 2006년 1월 17일
초판 1쇄 발행 • 2006년 1월 24일
지은이 • 신은수 외
발행인 • 박성복
발행처 • 도서출판 월인
서울시 강북구 수유2동 252-9
등록 • 제6-0364호 / 등록일 • 1998년 5월 4일
대표전화 • (02)912-5000 / 팩스 • (02)900-5036
www.worin.net

ISBN 89-8477-302-6 03680
값 10,000원